novum pro

Die Neutralität der Mitte

Werner Petrosch

novum pro

Bibliografische Information
der Deutschen Nationalbibliothek:

Die Deutsche Nationalbibliothek
verzeichnet diese Publikation in
der Deutschen Nationalbibliografie.
Detaillierte bibliografische Daten
sind im Internet über
http://www.d-nb.de abrufbar.

© 2016 novum Verlag

ISBN 978-3-99048-431-9
Lektorat: Susanne Schilp
Umschlagbild: Werner Petrosch
Umschlaggestaltung, Layout & Satz:
novum Verlag

Gedruckt in der Europäischen Union
auf umweltfreundlichem, chlor- und
säurefrei gebleichtem Papier.

www.novumverlag.com

Inhaltsverzeichnis

Vorwort

Die Menschheit hat nur diese eine Welt, die Erde, und ist im Begriff, diese wunderschöne Schöpfung der Natur durch Raubbau, Egoismus und Gier sowie Befindlichkeiten der Mächtigen für das menschliche Wesen und andere Lebensarten unbewohnbar zu machen. Die Materie, das Geld, beherrscht die Völker. Die Gier nach Macht und Geld ist unersättlich. Dazu kommt noch die Überbevölkerung auf diesem Planeten.

Daher ist es notwendig, in Zukunft die Demokratie nach dem System der Gegensätze genau auf den Punkt, das bedeutet die Mitte, auszurichten. Da kommt es auf jeden einzelnen Menschen an, wie er sich in der Familie, in einer Gesellschaft als auch in einem Volk verhält. Blindlings einem Führer oder einer Regierung aus Parteien und ihren gewählten Präsidenten zu vertrauen, ist ein großer Fehler.

Der gesunde Menschenverstand, die Intelligenz und das Gewissen zeigen uns im Leben den Weg, wie wir die Neutralität erkennen, um die Seele zu bilden. Jeder einzelne Bürger kann und sollte durch sein Verhalten, das heißt durch das System der Neutralität aus den Gegensätzen, dazu beitragen. Erst dann entscheidet er über seine Zukunft mit.

Mir ist durchaus bewusst, dass die in diesem Buch beschriebenen Anregungen nicht jedem gefallen werden. Die heutigen Zivilisationen haben ihr Zusammenleben nicht voll nach den Gegensätzen ausgerichtet und haben dadurch den richtigen Weg in die Zukunft noch nicht erkannt.

In diesem Buch wird beschrieben, wie das System der Gegensätze funktioniert und dadurch das Zusammenleben

der Menschen und Völker in Zukunft verantwortungsvoll gestaltet werden kann.

Der Mensch sieht sich als das intelligenteste Wesen
auf der Erde, aber er verhält sich nicht danach. Was die
Technik angeht, mag das zutreffen.

Was sein Verhalten gegenüber seinen Mitmenschen
sowie anderen Lebensarten und die Verantwortung für
den Erhalt der Umwelt, den Lebensraum Erde betrifft,
darf Zweifel aufkommen.

Schaut man auf das Wort Zivilisation, so geht man davon
aus, dass in einem Volk sowie unter diesen Völkern das
Miteinander geordnet, gerecht und friedlich, sozusagen
zivilisiert, abläuft. Wie man sieht, ist dem leider nicht so.

Dieses Buch soll der Zivilisation als Spiegel dienen, damit
sie die Gier in ihrem Gesicht erkennt. Nicht alle werden
die Botschaft verstehen und sich damit auseinandersetzen
wollen. Diejenigen aber, die es verstehen und ihre Handlungen danach ausrichten, werden zufriedener und aus-
geglichener leben und furchtlos ihrem Lebensende ent-
gegenschauen, denn sie haben sich für einen Neuanfang
bestens vorbereitet.

Die Entstehung

Betrachtet man in der Nacht und bei klarer Sicht den Nacht-
himmel, das Firmament, so leuchten unzählige Sterne im
Weltall. Es gibt die Antimaterie, und wir sehen die Materie,
die man bei sternenklarer Nacht bewundern kann.

Daraus ergeben sich die ersten drei Gegensätze mit
scheinbar der gleichen Bedeutung:
* Nichts und Etwas
* Antimaterie und Materie
* Weltall und Sterne

Beobachtet man nun die Sterne im Weltall für längere
Zeit, dann kann man die Bewegung und die Ordnung
erkennen, der alles unterworfen ist. Daraus gewinnt man
die Erkenntnis, dass da noch eine höhere Intelligenz ver-
borgen ist. Unsere Vorfahren haben das schon vor langer
Zeit beobachtet und erkannt.

In dem Gegensatz Nichts und Etwas steckt der Zufall.
Das Nichts, der Zufall und das Etwas bilden eine Einheit
und sind der erste Gegensatz.

Der Zufall hat, durch Spannung aus dem Gegensatz
Nichts und Etwas, Antimaterie und Materie gebildet.
Durch Spannung und Entspannung hat der Zufall alles
in Bewegung gesetzt und damit Energie erzeugt und
das Etwas in Materie und Antimaterie geteilt. In Zahlen
ausgedrückt ergibt das 50 Prozent für die Spannung und
50 Prozent für die Entspannung der Materie, was zusammen 100 Prozent sind.

Da dieser Gegensatz aus Bewegung Energie erzeugt hat
und so aus zwei Werten drei entstanden sind, werden die
100 Prozent durch drei geteilt und das sind je Teil 33 Pro-

zent mit einem Rest von einem Prozent. Demnach bleibt ein Prozent für den Zufall bestehen und er entscheidet über die Entstehung.

Gegensätze zu vergleichen und zu ordnen sowie Schlussfolgerungen daraus zu ziehen, ergibt die Logik der Gedanken und bildet die Intelligenz. Wenn eine Seite des Gegensatzes dauerhaft die Oberhand gewinnt, ist die andere Seite nicht mehr zu erkennen und der Gegensatz entwertet sich.

Um dieses System zu erhalten, bildete sich in der Mitte des Gegensatzes durch vergleichen und wechseln von einer Seite zur anderen Seite mit Hilfe des Gewissens aus den Gedanken ein logisches Gedächtnis, ein Bewusstsein aus Neugier und dem Drang, sich zu erhalten und weiterzuentwickeln. Für uns Menschen sind die Neugier und der Selbsterhaltungstrieb als auch die Weiterentwicklung nichts Neues und eine Selbstverständlichkeit.

Die Neutralität des Zufalls hat aus der Antimaterie und der Materie durch die erzeugte Bewegung eine neue Kraft erzeugt, die Energie. Die Neutralität des Zufalls hat die Wahrheit der Entstehung durch die Evolution in Gang gesetzt. Sie hat alles in Bewegung gesetzt und ist überall, zu jeder Zeit, und wird immer sein.

Wir empfinden den Zufall als Zufall, weil uns die Übersicht fehlt und der Zufall sich bescheiden im Hintergrund hält und somit schwer zu erkennen ist. Der Zufall regelt steuert und korrigiert die Schöpfung, wenn die Mitte der Gegensätze die gebotene Neutralität nicht einhält und die Kontrolle verliert.

Der Zufall ist die Neutralität und ein Hauch von ihm, das Gewissen, hilft die Seele zu bilden. Der Mensch kann den Zufall oder Gott, wie man es auch benennt, nur durch die Einhaltung der Neutralität und die Bildung der Seele erreichen

Für den Zufall zählt nur die Bildung der Seele, die sich aus der Mitte der Gegensätze eröffnet, denn die Seele schließt den Kreislauf der Schöpfung zum Zufall und treibt die Evolution der Schöpfung an.

Sämtliche Entwicklungen und Handlungen, die der Mitte der Gegensätze entsprechen und die Seele bilden, fließen in den Zufall und werden mit ihm eins, wenn die Spitze der Evolution erreicht wird.

Aus dieser Erkenntnis könnte sich die Entstehung folgendermaßen ereignet haben: Aus dem Etwas in dem Nichts hat der Zufall die gesamte Schöpfung und das Leben entzündet. Am Anfang war das Nichts und in dem Nichts befand sich unerkannt und doch real das Etwas, und in diesem Nichts und Etwas steckt der Zufall. Aus dem Nichts und dem Etwas ergeben die Gedanken und die Logik in der Mitte und die daraus gezogenen Schluss-folgerungen den Zufall.

Das Etwas bestand aus dem kleinsten Material, das man sich vorstellen kann, praktisch nicht erkennbar, unvor-stellbar klein und nicht wahrnehmbar. Vergleichbar mit feinstem Staub in der Luft. Man kann diesen Staub nicht wahrnehmen und doch ist er vorhanden und damit real. Erst wenn dieser Staub sich zusammenzieht, sozusagen zusammenballt, kann man ihn erkennen.

Das Nichts und das in ihm enthaltene nicht wahrnehm-bare Material, das Etwas, ist der erste Gegensatz, aus dem wie bei einer Kettenreaktion oder einem Dominoeffekt die Schöpfung entstanden ist.

Irgendwann geriet das Etwas in dem unendlichen Nichts durch Zufall unter Spannung. Als die Spannung sich löste, bewegte sich das Etwas. So erzeugte Spannung und Ent-spannung die erste Bewegung und damit den Gegen-satz Plus und Minus. Das teilte das Etwas in Materie und Antimaterie.

Jetzt konnten sich beide Seiten gegenseitig beeinflussen und sie bildeten mit Hilfe der Neutralität in der Mitte die Wahrheit und daraus die Seele. Die Seele ist die neutrale Mitte der Gegensätze.

So ergibt der Gegensatz Nichts und Etwas, logisch gedacht, durch die erzeugte Bewegung den Zufall und auf das Etwas angewandt: es existiert. Das Etwas, die Materie und Antimaterie, ist Realität.

Die Bewegung erzeugte Energie und hat damit den nächsten Gegensatz Materie und Energie gebildet. So ergibt ein Gegensatz den anderen und ein Gedanke den anderen mit der Bildung von einem logischen Gedächtnis und einem Bewusstsein sowie Intelligenz und daraus die Seele aus der Mitte der Gegensätze.

Aus vergleichen, erkennen und daraus neutrale Schlussfolgerungen zu ziehen ist eine Kettenreaktion entstanden, die immer neue Gegensätze bildete. Aus den Gegensätzen plus und minus, vorne und hinten, rechts und links sowie oben und unten hat das logische Gedächtnis das Etwas, die Materie und die Antimaterie, in dem Nichts, dem Weltraum, durch Bewegung und Energie in Atome geordnet.

Diese neutrale Intelligenz beeinflusste die Materie aus Atomen weiter und zog diese zu sich in die Mitte. Das ergab neue Energie und verdichtete die Materie. Um die Energie am Leben zu halten, wird zusätzliche Materie benötigt und verbrannt und somit wird durch die Energie die Materie weiter verdichtet.

Das neutrale Gewissen und die Seele sorgten für das Gleichgewicht, bis sich aus sämtlicher Materie ein ständig rotierender und zusammenziehender kleiner, aber höchst explosiver Kern aus Atomen bildete und somit die Spannung ihren Höhepunkt erreichte. Darauf folgte die Entspannung, der Urknall.

Gegensätze müssen erhalten bleiben und sich so lange beeinflussen, bis sie ihre neutrale Mitte erkennen, und bestimmen, woraus sich dann die Seele bildet. Das gelingt nur, wenn beide Seiten erhalten bleiben und keine Seite das absolute Übergewicht erlangt.

Wenn so die größtmögliche Spannung erreicht wird, folgt die Explosion, die Entspannung der Materie, und es entstehen neue Dimensionen durch die Vielfalt. Es entstehen neue Gegensätze und Realitäten.

Der Gegensatz Einer und Viele spielte nach dem Urknall eine große Rolle für die Entstehung. Nach dem Urknall bildeten sich so genügend Sterne und Formationen, die ausreichten, um das Risiko eines Stillstandes zu mindern und ihm entgegenzuwirken.

Der nächste Gegensatz groß und klein ergibt, wenn man die Größen vergleicht, mittelgroß, aber auch verschiedene Größen, was der Vielfalt entspricht. Alles was von mittelgroß größer ist, gehört zu groß und alles, was kleiner ist, zu klein. So bildeten sich die verschiedensten Variationen und Größen, aber der Gegensatz groß und klein blieb erhalten, um die Formationen vergleichen zu können.

Dadurch wurden die Möglichkeiten für die Evolution der Schöpfung grenzenlos. So bildete sich ein Gegensatz nach dem anderen, wie dunkel und hell, Eis und Feuer, Kälte und Hitze als auch schwarz und weiß.

Aus dunkel und hell entstand Licht und damit sehen. Eis und Feuer bewirkte verwandeln, woraus das Wasser entstanden ist. Aus Kälte und Hitze entstand Wärme, die für viele Lebensarten lebensnotwendig ist. Schwarz und weiß ergibt grau und, in Verbindung mit Licht und sehen, verwandeln und Wasser, sowie Wärme und Leben, bildete es die Vielfalt die Farben.

Aus den Gegensätzen kommt so durch Neutralität die Realität und Wahrheit zum Vorschein. Jede Seite der

Gegensätze, von der Mitte aus gesehen, hat den gleichen Wert und ist weder gut noch böse.

Wie schon erwähnt, haben die Gegensätze den Sinn, durch neutrales Denken Intelligenz zu bilden, um die Realität zu erkennen, und daraus die Seele zu bilden. Wenn eine Seite des Gegensatzes dauerhaft ausartet, praktisch zu stark und die neutrale Mitte dadurch geschwächt wird und auf die entartete Seite rückt, löst sich der Gegensatz auf und entwertet sich.

Der Gegensatz und die daraus erfolgten Handlungen haben dann für die Evolution keinen Wert, denn sie bilden keine Seele.

Die Sonne

Der Gegensatz Materie und Energie bestimmt auch die Zukunft unseres Sonnensystems. Die magnetische Kraft presst die Materie zusammen und die Energie sprengt sie auseinander. Die dritte Kraft, die neutrale Mitte, verhindert, dass eine der beiden Seiten die Oberhand gewinnt.

Dieses System hält die Sonne und ihre Planeten am Leben. Gleichzeitig ordnet die Neutralität der Mitte den Abstand und die Umlaufbahn der Planeten. Je neutraler und intelligenter sich die Mitte entwickelt hat und verhält, umso weniger Materie wird durch Energie verbraucht und damit das Leben verlängert.

Beide Seiten im Sonnensystem, die magnetische Kraft aus Materie und die Kraft aus Energie, benötigen Materie, um zu existieren und so ringen beide um dasselbe Material, um die Materie.

Diese Darstellung des Sonnensystems verdeutlicht die Bedeutung der Gegensätze und zeigt, wie wichtig eine neutrale Mitte für die Evolution und die Zukunft ist.

Die Erde

Unser Planet, die Erde, versucht ebenfalls, den Gesetzen der Natur, den Gegensätzen gerecht zu werden. Im Erdinneren herrscht die Energie und verbraucht Materie, um zu bestehen. Damit die Energie nicht die Oberhand gewinnt, wird unser Planet von der Materie Eis und Wasser gekühlt. Das Eis am Nord- und am Südpol sowie die Ozeane und die Sonne halten die Erde auf eine dem Leben angemessene Temperatur.

So konnte und kann sich das Leben in allen Variationen auf der Erde entwickeln und ausbreiten. Die Neutralität sorgte für die Harmonie und daraus konnte sich auch das menschliche Wesen entwickeln.

Der Mensch entwickelte sich so im Sinne der Natur, bis ihm bewusst wurde: ich bin, ich existiere. Durch diese Erkenntnis konnte der Mensch seine Vormachtstellung erlangen und weiter ausbauen. Das kommt dem Rauswurf aus dem Paradies gleich, der im Alten Testament beschrieben wird.

Dem Menschen wurde dadurch die Freiheit eröffnet, sich der gesamten für ihn erreichbaren Materie zu bedienen und nach eigenen Bedürfnissen zu gestalten. Damit trägt er aber auch die Verantwortung, mit dieser Materie artgerecht und sparsam umzugehen, das heißt, sich den Gegensätzen entsprechend zu verhalten.

Der Mensch soll nur so viel Materie verwenden, wie notwendig ist, um nach den Gesetzen der Natur sein Leben zu erhalten und um daraus die Seele zu bilden. Alles besteht aus demselben Material, aus Atomen in unterschiedlichen Zusammensetzungen. Aus der durch Bewegung erzeugten Energie und aus der in der Mitte der Gegensätze gebildeten Neutralität. Diese Intelligenz bildet die Seele und bestimmt durch das Handeln den Entwicklungsstand eines jeden Lebewesens einschließlich den des Menschen.

Nur der geistige Wert aus der Realität und Neutralität der Seele hat Bestand und ist das Ziel des Lebens. Gegensätze sind das Werkzeug zur Bildung der Seele. Der Zufall ist die Neutralität und das Gewissen ein Hauch von ihm. Es soll helfen, die Seele zu bilden, sodass jedes Lebewesen durch die Bildung der Seele mit dem Zufall in Verbindung steht.

Die Seele kann in einem Leben bestimmt und ihre Entwicklung ausgebaut werden, aber auch zum Stillstand kommen und sich auslöschen. Ein altes Sprichwort sagt: Übung macht den Meister. Alles hängt davon ab, wie sehr man sich bemüht, die beschriebenen Naturgesetze in einem Leben zu erkennen und neutral anzuwenden. Man fühlt sich dann ausgeglichen zufrieden und glücklich und ist dann auch in der Lage, mit anderen Lebensarten und mit der eigenen Art würdevoll und artgerecht umzugehen.

Die Naturgesetze verbinden die Seele mit dem Zufall. Wenn man sein Leben danach ausrichtet, bleibt die Verbindung zum Zufall erhalten und eine innere Ruhe und Zufriedenheit bereichert das Leben.

Nur die Bildung der Seele entscheidet, ob man nach dem Tod für die Schöpfung von Bedeutung ist oder auf untere Entwicklungsstufen absinkt und das entartete Leben durch viel Übung wiederholen muss. Jedes Lebewesen bestimmt so über sein Bewusstsein, seinen Lebenswandel und die Bildung der Seele, ob es nach dem Tod sich seiner selbst noch bewusst wird.

Gegensätze

Die zwischen einem Gegensatz gebildete Mitte, die Neutralität, sieht jede Seite gleichwertig. Sie soll die Unterschiede erhalten und hat die Aufgabe, den Gegensatz zusammenzuhalten. Die Unterschiede der Seiten müssen so weit erhalten bleiben, dass keine Seite dauerhaft übermächtig wird.

Darum muss eine gemeinsame Basis gefunden werden, die beiden Seiten gerecht wird und so aus den Unterschieden neue Gegensätze entstehen, die dann die Seele bilden und die Evolution gestalten.

Alle Gegensätze sind seit der Entstehung miteinander verbunden und die Neutralität hält sie zusammen. Auch für uns Menschen ist die Einhaltung der Neutralität das erste Gebot, denn sie bildet die Seele. Das ermöglicht dem Zufall, die Schöpfung zu steuern und durch die Evolution am Leben zu erhalten.

Das System der Gegensätze hat für jede Lebensart einen Lebensraum geschaffen, der als Übungsraum zur Bildung der Seele bewahrt werden soll. Der Gegensatz Glück und Unglück ergibt, aus der Mitte gesehen, Neutralität und Eigenverantwortung und beides steuert das Glück und das Unglück. Gegensätze sind das Werkzeug, mit dem Materie und Energie durch die Neutralität das Leben ermöglichen.

Sehen wir uns einige Gegensätze, ihre Verbindung und die Zusammenhänge durch die Seele näher an. Der Gegensatz Kälte und Hitze bildet in der Mitte eine mittlere Temperatur. Sie ist die Voraussetzung für unser Leben, und zwar in einem angemessenen Wechsel durch die vier Jahreszeiten. Daraus erkennt man, wie wichtig die Neutralität gegenüber jeder Lebensart auf diesem Planeten ist. Das

Leben hat sich den gegebenen Temperaturen auf der Erde anzupassen, um existieren zu können.

Der nächste Gegensatz trocken und nass hat ebenfalls mit dem Leben auf diesem Planeten zu tun. Gäbe es keinen Regen, wäre das Leben, wie wir es kennen, nicht möglich und würde es dauernd regnen, wäre das vorhandene Leben auch nicht entstanden.

Andauernde Windstille oder ständiger Sturm sind ebenfalls schlechte Bedingungen für das Leben. Aus Kälte und Hitze, trocken und nass, Windstille und Sturm entsteht aus ständigem Wechsel Energie.

Wir kennen die Energie der Natur auch als Blitz und Donner und sprechen von einem Gewitter. Ein Gewitter kann Brände auslösen, und wenn genügend trockene Materie vorhanden ist, entsteht ein Flächenbrand, der nur schwer zu löschen ist.

Damit dieser Flächenbrand aus Energie nicht die Oberhand gewinnt, gleicht die Neutralität in der Mitte die Einseitigkeit wieder aus und lässt es regnen. Der Kampf zwischen Materie und Energie wird so ausgeglichen und fördert zugleich auch neues Leben.

Das System der Gegensätze besteht aus drei Werten. Zwei gegensätzliche Werte ringen miteinander, bis sie in der Mitte einen dritten, neutralen Wert bilden, der für beide die gemeinsame Basis ist, um zu existieren. Jede der beiden Seiten muss deshalb mitarbeiten und sich anstrengen, damit dieses Ziel erreicht wird.

Wird die Mitte nicht gebildet und die gemeinsame Basis nicht gefunden, wird der Gegensatz einseitig und ein Wert löscht den anderen Wert aus. Die aus dem Gegensatz einseitig ausgeführten Taten und Handlungen waren dann für beide Seiten sinnlos.

Gegensätze kann man auch mit den Musikanten und ihrem Dirigenten in einem Orchester vergleichen.

Disziplin ist die Voraussetzung für alle Beteiligten und die gemeinsame Basis, das sind die Noten. Alle Teilnehmer ohne Ausnahme müssen unbedingt die vorgegebenen Noten einhalten und sich dem Taktstock des Dirigenten beugen und unterordnen.

Die rechten Instrumente kommunizieren mit den linken Instrumenten und alle übrigen sorgen für die Harmonie, die ein Orchester ausstrahlen sollte. Der Dirigent vergleicht und erkennt sowie kontrolliert und dirigiert die Lautstärke, den Rhythmus und die Schnelligkeit der einzelnen Passagen des gespielten Musikstücks, sodass wunderschöne harmonische Musik den Raum und die Herzen der Zuhörer füllt.

Wenn eine Seite sich nicht an die Noten hält, also falsch spielt oder zu leise klingt und der Dirigent das nicht erkennt und handelt, erklingt keine harmonische Musik, die die Zuhörer begeistert und erfreut. Das bringt dann keinen Erfolg und ist somit wertlos. So ein Orchester kann seine Aufgabe nicht erfüllen und löst sich früher oder später von alleine auf.

Dieses Beispiel sollte allen Völkern ein Vorbild sein. Sie sollten sich nicht gegenseitig umbringen, sondern zusammenspielen, bis die Harmonie durch die Neutralität sozusagen die Seele hergestellt ist, mit der beide Seiten im Einklang und mit Zuversicht die Entwicklung und Zukunft gestalten können und damit für alle Menschen ein erfülltes Leben möglich wird.

Die Gegensätze oder einfach die Naturgesetze kennen nur eine Richtung, die Erhaltung der Schöpfung durch die Neutralität der Seele und die damit verbundene Evolution der Materie durch Energie.

Die Gesetze

Der Zufall hat durch Spannung, Entspannung und Bewegung die ersten drei Gesetze bestimmt und aus denen haben sich dann nach dem Dominosystem alle weiteren Gegensätze erschlossen und daraus hat sich auch die gesamte Schöpfung entwickelt.

Hieraus wird ersichtlich, dass zuerst die Gesetze aus der Mitte der Gegensätze bestimmt werden müssen. Erst dann kann etwas entstehen und sich aufbauen und entwickeln nach dem Vorbild der Entstehung.

Das Dominosystem besteht aus drei Gegensätzen. Aus hoch und niedrig, leicht und schwer sowie kurz und lang, und sie alle drei verbindet die Neutralität. Wird der gemeinsame Nenner aller drei Gegensätze eingehalten, ist die Verbindung hergestellt und das Dominosystem kann unendlich viele Gegensätze harmonisieren und zusammenhalten. Die Einhaltung der genauen Mitte ist auch hier die Lösung, um die Verbindung aufrechtzuerhalten.

Will man Unterschiede, also Gegensätze, verbinden, gelingt das nur durch die Neutralität in der Mitte. Sie ermöglicht die Verbindung eines Gegensatzes durch die Gesetze mit allen anderen Gegensätzen und sie öffnet dadurch der Seele den Weg zum Zufall.

Die Gesetze sollten sich aus dem gesamten Volk und einer neutralen Regierung erschließen. Werden sie eingehalten, besteht die Verbindung, und der Zusammenhalt in einem Volk ist gewährleistet.

Die Höhe bedeutet die Arbeit der Menschen, die sie für ihren und den Erhalt des Volkes leisten. Das Gewicht betrifft die Gleichbehandlung aller Menschen in einem

Volk, und die Einhaltung bezieht sich auf die Abstände, das sind die Gesetze.

Wird die Arbeit der Menschen entsprechend bewertet, die Gleichbehandlung praktiziert und die Einhaltung der Gesetze durch die Regierung ohne Ausnahme durchgesetzt, ist die Verbindung und damit der Zusammenhalt in einem Volk hergestellt. Das betrifft auch den Zusammenhalt und die Verbindung aller Völker auf der gesamten Erde.

Der Mensch

Auch der Mensch besteht aus Materie und Energie. Die Mitte des Gegensatzes, das Gehirn, soll für beide Seiten eine gemeinsame Basis schaffen, welche den menschlichen Körper befähigt, sein Leben zu erhalten und mit Hilfe des Gewissens die Seele zu bilden. Der Mensch kann sich dann bewegen, Gedanken produzieren und Handlungen ausführen. Geschieht das im Sinne der Naturgesetze, fühlt sich der Mensch gesund und ausgeglichen.

Das Gewissen, ein Hauch des Zufalls, hilft dem Gehirn, die Neutralität zu erkennen und danach zu handeln. Die Wahrheit, die so aus den Gegensätzen gewonnen wird, ist der geistige Wert, sozusagen die Seele.

Sie alleine bleibt nach dem Tod bestehen, um den Kreislauf der Evolution immer wieder zu erneuern. Daran zu arbeiten und sich anzustrengen, damit dieses Ziel erreicht wird, erschließt den Sinn des Lebens.

Seit seiner Bewusstseinserweiterung hat der Mensch die Freiheit, Gegensätze zu bilden und nach eigenem Ermessen auszulegen und danach zu handeln. Das ist der Schwachpunkt der Menschen auf der Welt. Das Gewissen, das den Menschen helfen soll, die wahren Entscheidungen im Leben zu treffen, wird durch Süchte, die das Gehirn vernebeln, beherrscht. Das sind Herrschsucht und Macht, die Gier nach Geld und Luxus sowie die Sucht nach Alkohol und Drogen.

Dazu zählen auch die unterschiedlichsten Rauschgifte. Die einen treibt die Gier an, sich durch die Mehrheit zu bereichern und den anderen wird die Gier nach den süchtig machenden Giften zum Verhängnis. Die Neutralität aus den Gegensätzen kann die Süchte verhindern und gibt den Menschen die Kraft, ihr Leben freier und unabhängiger zu gestalten.

Das betrifft die Gewinnung von Nahrung, das Bauen von Unterkünften und Hilfsmitteln, die das Leben der Menschen erleichtern. Auf diesem Gebiet hat der Mensch für sein Wohl und seine Befindlichkeiten große Fortschritte gemacht.

Die Hilfsmittel und die Technik mit der Neutralität der Seele zu verbinden, hat er dabei vernachlässigt. Das Zusammenleben der Menschen in einem Volk und der Umgang der Völker miteinander wurde so gestört und eine Weiterentwicklung kaum möglich.

Die Entwicklung der Seele, die sich aus den vielen Gegensätzen bildet und für ein Bewusstsein nach dem Tod von großer Bedeutung ist, kann sich durch die chronischen Süchte nicht ausreichend entwickeln. Die weltlichen Begierden der Menschen sind im Begriff, die Gegensätze zu entwerten und damit den Lebensraum für uns Menschen zu zerstören.

Sämtliche Gedanken und Handlungen im Leben eines Menschen, die nicht die Erhaltung der Schöpfung und der Evolution dienen und nicht durch neutrale Gesetze zu Stande kommen, bilden keine Seele und lösen sich nach dem Tod auf, als hätte es sie nie gegeben. Der menschliche Körper aus Materie und Energie benötigt Nahrung, die ebenfalls aus Materie besteht, um sein Leben zu erhalten und die Seele zu bilden.

Da die Materie in dem System der Entstehung nicht unbegrenzt zur Verfügung stand, hat sich aus der Mitte der Gegensätze ein Kreislauf gebildet, wonach die abgenützte Materie durch Anfang und Ende, Geburt und Tod immer wieder erneuert und gestaltet wird.

Diesem Kreislauf ist die gesamte Schöpfung unterworfen und er bewirkt die Evolution. So kann Materie aus Atomen durch erzeugte Energie und Intelligenz immer wieder gereinigt, neu aufbereitet und geformt sowie verarbeitet werden.

Die Evolution findet demnach über die Materie und Energie sowie die Neutralität der Seele statt.

Erst wenn die Seele immer wieder durch Anfang und Ende, Geburt und Tod erhalten und weitergebildet wird, bis sie die Spitze der Evolution erklommen hat, verbindet sie sich mit dem Zufall. Das bedeutet ewiges Leben und damit schließt sich der Kreislauf und wiederholt sich unendlich.

Die Seele im Zufall ist dann nach menschlichen Gedanken und Begriffen im Himmel angekommen. Sie hat dann die Freiheit, sich in jede Situation der Schöpfung hineinversetzen zu können, sie neutral mitzufühlen und mitzugestalten und damit an der Evolution der Schöpfung mitzuwirken.

So erfahren auch wir Menschen den Zufall und das bedeutet, dass uns manchmal besonderes Glück im Leben zuteil wird und wir aber auch das Unglück, und sei es noch so schwer, ertragen müssen.

Der Zufall kommt und geht, wenn die Neutralität ihn leitet, um seine Schöpfung zu bewahren. Er anerkennt nur die Evolution der Materie durch die Seele und das Licht, die Energie. Erst wenn wir Menschen das begreifen, können wir unser Leben danach ausrichten und dann werden wir uns das Leben gegenseitig nicht mehr so schwer machen und die benötigte Materie gerechter verteilen. Dann erst haben wir den Sinn des Lebens erfasst und unser Ziel im Auge.

Die Natur ist in ihrer Entwicklung uns Menschen weit voraus und wir verstehen noch nicht mal den Anfang. Sie hat schon alles erschaffen, was das Leben auf der Erde ermöglicht und wir Menschen sollten das achten. Die Natur hat alles mit dem geringsten Aufwand an Materie und Energie bewerkstelligt.

Der Mensch in seiner Gier versucht, das nachzuahmen, aber er will die Zusammenhänge nicht akzeptieren. Er verschwendet und zerstört dadurch seinen eigenen Lebensraum, den die Natur für ihn vorgesehen hat.

Ein Teil der Menschen vertritt die Ansicht, dass sie intelligenter als die Natur sind und sie die Naturgesetze deshalb vernachlässigen können. Sie betrachten die Erde als ihr persönliches Eigentum. Dabei übersehen sie, wie viel, gemessen an der Natur, sie durch ihr Handeln an Materie und Energie verschwenden und dadurch der Menschheit schaden.

Viele Arbeiten, die auch die Menschen verrichten könnten, werden durch Maschinen ausgeführt und man nimmt dadurch in Kauf, dass viele Menschen keine Arbeit finden und arbeitslos sind. Sie bewegen sich dann zu wenig, sodass der Ausgleich von Materie und Energie im Körper gestört wird und sie das früher oder später krank macht.

Darum sollte alles, was der Mensch produziert, um sein Leben lebenswerter zu gestalten, nach dem Vorbild der Natur den Gegensätzen in einem Kreislauf, in dem Materie mit dem geringsten Aufwand an Energie wieder verarbeitet wird, ausgeführt werden.

Da alle Gegensätze durch die Neutralität der Seele miteinander verbunden sind, fehlt uns der Überblick, wie viele Gegensätze sich seit der Entstehung im Weltall gebildet und wie weit sich die Intelligenz und die Seele der Schöpfung in Verbindung mit dem Zufall bis jetzt entwickelt haben. Deshalb können wir Menschen uns nur nach den uns bekannten Gegensätzen und den daraus gebildeten Werten, die nicht immer leicht zu erkennen sind, richten und Schlussfolgerungen daraus ziehen.

Entartet ein Mensch einen Gegensatz auf Dauer und richtet sich fanatisch einseitig aus, wird er und damit diese Seite des Gegensatzes bösartig.

Das gibt der anderen Seite das Recht, sich zu wehren. Plant handelt und tötet ein Mensch einen anderen Mensch, so nimmt er diesem das Recht sein Leben zu gestalten und daraus seine Seele zu bilden. Durch diese Tat schadet er sich selbst, aber auch dem anderen Mensch, den er auf dem Gewissen hat.

Das Töten eines Menschen ist nur aus Notwehr erlaubt, wenn das eigene Leben oder das Leben eines Mitmenschen in Gefahr ist, vernichtet zu werden. Menschen zu töten aus Habgier und Eifersucht, Mordlust und Machterhaltung sowie Ausbeutung und anderen Begierden, ist kontraproduktiv. Der Täter löscht dadurch sein Gewissen und die Seele.

Das betrifft nicht nur einzelne Menschen, sondern auch Gruppen, Gesellschaften und Völker, die nicht die Neutralität der Gegensätze beachten.

Das größte Problem bereitet den Menschen und den Völkern der Gegensatz arm und reich, was aus der neutralen Mitte her, das Recht auf Arbeit bedeutet. Das besagt, dass jeder Mensch nach seinen körperlichen und geistigen Voraussetzungen arbeiten muss. Dann kann er sein Leben erhalten, und je nachdem wie sehr er sich anstrengt, nach seinen Bedürfnissen und Talenten sowie Befindlichkeiten gestalten.

Eine alte Überlieferung sagt: Im Schweiße deines Angesichts sollst du dein Brot verdienen. Demnach muss jeder Mensch, um sein Leben zu erhalten und seinen Geist und die Seele zu bereichern, sich anstrengen und arbeiten oder anders ausgedrückt, er muss sich sein tägliches Brot erkämpfen.

Das bedeutet aber auch, dass nur die aus eigener Kraft erarbeiteten Güter und Werte einem selbst zustehen und man sich nicht durch das Volk bereichern darf. Daraus ergibt sich, und das sagt auch unser Gewissen, dass man seine Mitmenschen nicht bestehlen und betrügen sowie ausbeuten und ermorden darf. Ebenfalls darf man nicht auf Kosten des Volkes faulenzen, sich weder bereichern noch schmarotzen.

Arbeiten mehrere oder viele Menschen in einem Betrieb, in einer Firma oder in einem Konzern, so ist der von allen Beteiligten erarbeitete Gewinn nach dem Gegensatz Materie und Energie, aus dem sich das Leben aus dem Gewissen und der Seele gebildet und weiter entwickelt hat, in drei Teile aufzuteilen.

Das erste Drittel des Gewinns verbleibt in der Firma für deren Erhaltung und Entwicklung. Das zweite Drittel steht allen beteiligten Mitarbeitern für ihre Arbeit und zusätzliche Leistung zu. Das letzte Drittel gehört dem Staat, vertreten durch die Regierung, die neutral die Aufgaben und Pflichten dem Volk gegenüber zu erfüllen hat.

Der Firmeninhaber behält ein Drittel des Gewinns, um die Firma zu erhalten und weiterzuentwickeln. Er hat aber nicht das Recht, sich von diesem Teil des Gewinns privat zu bereichern.

Das nächste Drittel steht allen aktiven Mitarbeitern, von der Hilfskraft bis zum Geschäftsführer und dem Firmeninhaber, zu, um den Lebensunterhalt zu sichern. Jeder Mitarbeiter erhält den gleichen Stundenlohn als Grundgehalt, je nach den vereinbarten Stunden. Dieser Stundenlohn muss so bemessen sein, dass man von der vereinbarten Arbeitszeit im Monat ohne Überstunden seinen Lebensunterhalt bestreiten kann.

Um die spezielle Leistung jedes einzelnen Menschen zu bewerten, bedarf es einer Leistungszulage. Das könnte für schmutzige Arbeit eine Schmutzzulage sein, für schwere Arbeit eine Erschwerniszulage und für gefährliche Arbeit eine Gefahrenzulage und für die Geschäftsleitung eine Erfolgszulage usw. Vom Techniker bis zum Geschäftsführer und Inhaber einer Firma erhält dann jeder aktive Mitarbeiter je nach seiner Leistung eine entsprechende Zulage.

So kann jeder Mitarbeiter nach seiner Arbeit und der speziellen Leistung gerecht entlohnt werden.

Dem Firmeninhaber steht zusätzlich ein Prozent vom Gesamtgewinn für seinen zusätzlichen Einsatz zu. Das entspricht dem einen Prozent des Zufalls. Das motiviert alle Beteiligten, sich anzustrengen und steigert das Selbstbewusstsein sowie die Freude an der Arbeit und am Leben aller beschäftigten Mitarbeiter.

Der Staat, vertreten durch die Regierung, erhält das letzte Drittel des Gewinns als Steuern und sollte die Mitte des Gegensatzes neutral ausüben. Die Regierung kann so die notwendigen Aufgaben und Pflichten des Staates verantwortungsvoll erfüllen und darf das Volk nicht verschulden.

So hat der Staat die Aufgabe, eigene Einrichtungen und Betriebe zu schaffen, um die Allgemeinheit, das Volk, mit lebensnotwendiger Materie und Energie zu versorgen. Das betrifft die Schule und die Ausbildung sowie den Ausbau der öffentlichen Verkehrswege und die damit verbundene Bereitstellung von benötigten öffentlichen, sicheren und nach Plan fahrenden Verkehrsmitteln. Die Versorgung mit Trinkwasser und die Sicherheit und Bereitstellung von gesunden Nahrungsmitteln. Die Hilfe bei der Beschaffung von ausreichend Wohnraum und die Bereitstellung von Elektrizität.

Auch die Hilfe bei Unfällen und sämtlichen schweren Erkrankungen sowie die Zulassung von geprüften Medikamenten sind staatliche Aufgaben. Die Regierung ist ebenfalls verpflichtet, die innere und äußere Sicherheit der Bevölkerung zu gewährleisten. Das darf der Staat die Regierung nicht den privaten Institutionen und der Wirtschaft überlassen. So kann der Staat die Auswucherung der privaten Wirtschaft verhindern und als Vorbild dienen und damit der grenzenlosen Gier Schranken setzen.

Dieses Beispiel zeigt, dass der Mensch, wenn er sich nach dem System der Gegensätze orientiert, durchaus in der Lage wäre, das Zusammenleben in einem Volk gerechter und intelligenter zu gestalten. Dies könnte allen Regierungen als Vorbild dienen. Die geschaffene Realität der Mächtigen und ihre unausgereiften Systeme sehen leider anders aus.

Die Menschen werden von Süchten geplagt, die sie selbst erzeugen, obwohl sie die Gefahren kennen. Süchte sind einseitige, auf Dauer entartete Gegensätze.

Der Gegensatz wenig und viel bildet neutral, von der Mitte aus gesehen, ausreichend.

Der Gegensatz arm und reich bedeutet: arbeiten und der Gegensatz: faul und fleißig heißt: anstrengen. Das höchste Ziel der Menschen aus allen zivilisierten Völkern ist das Streben nach Reichtum und Macht. Um dieses Ziel zu erreichen, ist ihnen jedes Mittel recht und so beuten sie durch Gewalt sich selbst aus. Daraus kann man schließen, dass für die Menschen nur der Sieger zählt und sie einseitig geworden sind.

Der Mensch, der im Reichtum schwimmt, kann die vielen anderen Menschen, die seinen Reichtum hart erarbeiten müssen, nicht mehr erkennen. Er ist blind und hat kein Auge mehr für die Armen.

Der faule Mensch versteht und fühlt nicht mehr, dass andere Menschen durch seine Faulheit rücksichtslos ausgebeutet werden und vom Hunger bedroht sind. Das sagt aus, dass die Menschheit, wenn sie sich weiterhin so verhält, geistig und seelisch verkümmert.

Die Regierungen, die neutral die Mitte der Gegensätze vertreten sollen, haben sich auf die Seite der Sieger und

Superreichen konzentriert und fördern damit die Menschen in einem Volk, die schon zu viel besitzen. Durch dieses Verhalten entarten sie die Gegensätze, werden einseitig und fördern bösartiges Verhalten.

Die Reichen werden immer gieriger, sie wollen noch mehr besitzen und kennen keine Grenzen mehr, sie sind süchtig nach Macht und Anerkennung. Diejenigen, die im Überfluss leben, werden immer anspruchsvoller, verschwenderischer und egoistischer. Sie können nicht mehr erkennen, was nötig und ausreichend ist, um ein erfülltes Leben zu führen.

Der Faule kennt kein Mitleid mit dem Fleißigen. Er existiert für ihn nicht mehr, denn der Egoismus hat ihn fest im Griff. Sie alle wollen reich sein und immer mehr besitzen, aber so wenig wie möglich dafür arbeiten.

So denken natürlich nicht alle Menschen, dennoch führt der Trend in diese Richtung. Immer größer und luxuriöser muss alles ausfallen. Das Angemessene, ob Auto, Wohnung oder Haus, ist für viele Menschen nicht mehr ausreichend. Luxus auf allen Ebenen ist das Ziel einer immer egoistischer werdenden Anzahl von Menschen. Die Werbung in den Medien treibt dieses einseitige Anspruchsdenken auf die Spitze.

Intelligenz ist nicht mehr gefragt, der Clevere ist in. Clever sein hat aber mit Ehrlichkeit nichts zu tun. Es bedeutet rücksichtsloses. egoistisches Verhalten. Die Gier nach Geld ist schier unermesslich, ja schon krankhaft angestiegen und kennt keine Grenzen mehr.

So hat sich ein erheblicher Teil des Volkes einseitig in eine Betrugsgesellschaft hineingesteigert. Die einen betrügen die anderen und die Menschen, die das am besten beherrschen, sind clever und in. Der Ehrliche ist der Dumme und wird ausgebeutet, er muss den ganzen Luxus erarbeiten und bezahlen.

Diese Betrugsgesellschaft erzeugt Ungerechtigkeit, Kriminalität und Hass sowie Gewalt und Kriege. Sie ist auch der Anlass, dass die Menschen und Völker sich nicht verstehen, sich nicht genug achten und friedlicher miteinander auskommen.

Wenn Menschen in einem Krieg nur noch Mord, Totschlag und Vernichtung erleben, dann stumpfen die Moral und das Gewissen dermaßen ab, dass man das Leben nicht mehr zu achten und schätzen weiß. Bei Macht und Luxus verhält es sich ähnlich. Es ist wie eine Sucht, die man nicht mehr beherrscht.

Die eine Seite des Gegensatzes kann die andere Seite nicht mehr erkennen und ist blind geworden. Diese Sucht beherrscht einige Menschen so sehr, dass für sie alles andere keine Rolle mehr spielt und aus dem Gedächtnis verschwindet. Wir können und sollen neue Varianten und Formen des Zusammenlebens erforschen und gestalten, aber wir müssen die Neutralität der Gegensätze achten.

Der Vergleich aus dem Gegensatz einfach und übertrieben ergibt in der Mitte zweckmäßig. Aus unterwürfig und überheblich erschließt sich aus der Mitte des Gegensatzes das Selbstbewusstsein. Aus Aufwertung und Abwertung bestimmt die Neutralität der Mitte den realen Wert und aus Macht und Ohnmacht entsteht die Demokratie.

Sie ist die gemeinsame Basis, um das Zusammenleben der Menschen in einem Volk neutral zu gestalten. Wenn wir Menschen das nicht mehr erkennen, dann können wir unser Gewissen und die Seele nicht mehr wahrnehmen, denn wir haben sie ausgelöscht.

Zweckmäßig bedeutet, dass man sich genau überlegen sollte, welchen Zweck die Herstellung oder der Kauf von Gegenständen erfüllen soll. Ein Mensch, der alleine lebt, benötigt kein Haus noch eine Luxusvilla oder gar ein

Schloss, um sich wohlzufühlen und darin zu wohnen. Eine Höhle oder ein Zelt entspricht nicht den Anforderungen einer Wohnung in der heutigen Zeit. Aber eine Wohnung bis 60 Quadratmetern erfüllt den Zweck.

Der Unterwürfige als auch der überhebliche Mensch, sie beide wären gut beraten, die Mitte des Gegensatzes anzustreben, um mehr Selbstbewusstsein zu erlangen, sodass sie sich in Augenhöhe begegnen können. Kein Mensch sollte sich abwerten lassen, sondern seinen realen Wert als Mensch behaupten.

Die Demokratie kann Gewalt verhindern, wenn sie richtig angewendet und gelebt wird. Denn Demokratie bedeutet Einhaltung der Neutralität. Leider kann man auch hier das gerechteste System für seine Zwecke ausnützen, wenn man durch Betrug und Rücksichtslosigkeit genug Kapital und Macht besitzt. Daran wird auch fleißig und hartnäckig durch die Lobby von den Banken und dem Kapital gearbeitet.

Wie man feststellen kann, mit riesigem Erfolg. Das gibt der ohnmächtigen Seite das Recht, sich zu wehren, wenn die Mitte die Regierung unfähig ist, für beide Seiten eine neutrale Basis zu bilden, die für beide Seiten zwingend ist.

Das sind neutrale Gesetze, die für alle Bürger ohne Ausnahme gelten und durchgesetzt werden müssen. Ansonsten kann es zu einem Bürgerkrieg kommen. Diese Schlussfolgerung zeigt uns die Geschichte.

Die Gier nach immer mehr Luxus, Geld und Macht treibt das Gehirn ganzer Volksgruppen zum Größenwahn und der gesunde Menschenverstand hat keine Chance, sich zu entfalten und durchzusetzen.

Geld bedeutet Leben und mit dem Leben ist nicht zu spielen, denn es stehen Menschenleben auf dem Spiel und die Menschen, die verhungern, sind der Beweis. Aus diesem Grund sollten Spekulationen und Glücksspiele, die nur die Gier fördern und die Preise in die Höhe treiben, verboten werden. Haben wir aus der Vergangenheit keine Schlüsse gezogen, wo die Menschen ihr Hab und Gut als auch Frau und Kinder verspielt haben?

Die Familie und die Gesellschaft sowie ein Volk beeinflussen die Menschen bereits ab der Geburt. Der Gegensatz schlau und dumm bildet lernen, und wenn man genug übt, entwickelt man sich weiter. Für jedes Kind müssen gleiche Chancen geschaffen werden, damit es unterrichtet wird und so durch Lernen ein einheitlicher Bildungsstand erreicht werden kann.

Ab diesem neutralen Bildungsstand kann dann jeder Jugendliche selbst entscheiden, ob er weiter die Schule besuchen oder eine berufliche Laufbahn, egal, in welche Richtung, einschlagen will. Er bestimmt dann, ob für ihn mehr die theoretische oder eher eine praktische Ausbildung in Frage kommt, die der Leistung seines Körpers entspricht. Diesen einheitlichen Bildungsstand in allen Schulen zu gewährleisten, ist Aufgabe der Regierung.

Die Entwicklung der Menschheit hat sich in der Hauptsache auf die weltliche Existenz verlagert. Der technische Fortschritt nimmt den Menschen bereits heute die meiste Arbeit ab und zielt darauf hin, die Menschen in Zukunft durch Maschinen und Elektronik zu ersetzen und damit zu entwerten.

Der Mensch entwertet sich selbst und das beweisen die Massenvernichtungswaffen, die produziert werden. Die Energie des Menschen hat sich hauptsächlich auf das Geld im weltlichen Leben ausgerichtet. Die Bildung der Seele, die nach dem Ableben bestehen bleibt, wird dadurch vernachlässigt und die Neutralität gegenüber allen Menschen wird mit Füßen getreten.

Die menschliche Intelligenz hat sich für die Materie und den technischen Fortschritt im irdischen Leben entschieden und das Jenseits aus den Augen verloren. Damit wird der Gegensatz vergänglich und ewig zu sehr auf das Vergängliche ausgerichtet. Daraus ist zu sehen, dass auf das Ewige, das ist die Bildung der Seele, zu wenig Wert gelegt wird. Hier ist deutlich zu erkennen, wenn der Mensch für sein Zusammenleben die Neutralität aus der Mitte der Gegensätze nicht einhält, rottet er sich selbst aus.

Sehr vielen Menschen ist die Verantwortung, die jeder einzelne Mensch für den Erhalt unseres Planeten die Erde zu tragen hat, noch nicht bewusst geworden, denn die Verlockungen der Industrie sind groß. Man schiebt die Verantwortung auf die Mächtigen und das Kapital und beruhigt so sein Gewissen.

In Wirklichkeit ist man selbst gierig, neidisch und von Süchten getrieben und sieht so die Gierigen und Mächtigen als Vorbilder und bejubelt sie. Dabei wäre es angebracht, sich in Bescheidenheit und Rücksichtnahme gegenüber seinen Mitmenschen zu üben, um die richtigen Entscheidungen zu treffen.

Die Entscheidungen sollen die Weiterentwicklung der Demokratie in dem Bewusstsein der Völker fördern. Die Erhaltung anderer Lebensformen berücksichtigen und die Verschmutzung und Zerstörung der Umwelt entgegenwirken.

Demokratie

Aus dem Gegensatz Macht und Ohnmacht eröffnet sich aus der Mitte die Neutralität der Demokratie. Um sie zu gewährleisten, sollte das gesamte Volk ein Mitspracherecht bei der Bildung der Demokratie in einer Regierung, die das Volk, den Staat, vertritt, haben.

Um die Einhaltung der demokratischen Staatsordnung sicherzustellen, hat das Volk das Recht, mit allen verfügbaren Mitteln sowie den Medien die Neutralität der Regierung zu überwachen und Verstöße, ohne Ansehen der Person, aufzudecken und zu ahnden.

Werden einzelnen Politikern kritische Fragen gestellt, ist vielfach die Antwort: Davon verstehen sie zu wenig, denn es ist nicht alles schwarz und weiß. Das mag grob gesehen richtig erscheinen, aber damit die Vielseitigkeit in einem Volk erhalten bleibt, um die richtigen Schlussfolgerungen ziehen zu können, ist es wichtig, dass eine Regierung sich neutral verhält und alle Bürger, ob Mann oder Frau, gleich bewertet. Sonst geht die Zusammengehörigkeit verloren.

Die Völker und ihre Regierungen haben die Aufgabe, die Neutralität aus der Mitte der Gegensätze zu bestimmen und durch Gesetze zu festigen.

Aus schwarz und weiß bildet sich grau, bei dem Arbeitgeber und Arbeitnehmer ergibt sie teilen nach Arbeit und Leistung und bei Macht und Ohnmacht heißt sie Demokratie, was Neutralität voraussetzt.

In der Vergangenheit hatten sich zwei Seiten gebildet. Der Kapitalismus, die Rechten, und die Linken, die Kommunisten. Es hat sich aber aus beiden Seiten keine neutrale Mitte entwickelt, die die Vorteile beider Systeme erkennt und zusammenführt, sozusagen nutzt, und so die Demokratie auf den Punkt genau ausrichtet.

Dieses Versäumnis der Regierenden hat dazu geführt, dass der Kapitalismus die Übermacht erlangte und der Kommunismus sich weitgehend aufgelöst hat. Das hat zur Folge, dass der Kapitalismus sich auf längere Sicht ebenfalls auflösen wird. Eigentlich ist das durch die weltweite Wirtschaftskrise im Jahr 2008 schon eingetroffen. Aber nachdem die Regierungen den Kapitalismus bevorzugt haben und die Lösungen in die Zukunft verschieben, zieht sich dieser Prozess in die Länge. Daraus kann man entnehmen, dass die Regierungen die Mitte, in der die reale Wahrheit des Lebens steckt, nicht sehen können oder bilden wollen.

Es gibt viele Wege, die Demokratie zu manipulieren. Es fängt mit unbewussten Kleinigkeiten an und breitet sich mit bewussten Lügen und Betrug aus. Ein Beispiel aus der gängigen Praxis: Ein Unternehmer betreibt eine Firma, die jahrelang erfolgreich war und gute Gewinne erzielt hat. Durch Fehlentscheidungen des Unternehmers gerät diese Firma in die roten Zahlen.

Statt die Gewinne aus den guten Jahren für den Weiterbestand der Firma einzusetzen und dadurch seine Fehlentscheidungen auszugleichen, droht er seinen Arbeitnehmern mit Entlassungen, wenn sie nicht auf einen Teil ihres Lohnes verzichten. Reicht diese Maßnahme nicht aus, um die Rendite zu halten, hilft ihm noch ein Kredit von der Bank. Ist dann die Firma verschuldet, droht er der Regierung mit dem Verlust von Arbeitsplätzen.

Da der Unternehmer alleine die Entscheidungen in seiner Firma trifft und auch treffen will, trägt er auch die volle Verantwortung für den Bestand der Firma. Die angekündigte Drohung von Lohnverzicht und den Verlust von Arbeitsplätzen, nur um die Gewinne aus den erfolg-

reichen Jahren behalten zu können, sind nicht gerecht-
fertigt und stellen eine Erpressung dar.

Aus diesem Beispiel erklären sich auch die Milliarden
von Geldern auf den Banken, die in den Steueroasen von
den Betrügern angelegt wurden. Die Arbeitnehmer haben
nicht die Übersicht und keine Alternative und stehen einer
solchen Drohung, die einer Erpressung gleichkommt,
hilflos gegenüber.

Wenn eine demokratische Regierung diese Erpressung
von Seiten der Unternehmer nicht verbietet und somit zulässt, sozusagen unterstützt, wird die Demokratie nicht nur
manipuliert, sondern auch hintergangen. Da die Arbeit-
nehmerseite als auch die Unternehmer sich dieser Erpressung nicht voll bewusst sind und die Regierung das
auch nicht wahrhaben will und unterbindet, kann man
das als eine unbewusste Manipulation der Demokratie
betrachten.

Wenn eine Regierung diese Erpressung duldet, dann
werden weitere Firmen als auch Konzerne und Banken
ermuntert, ungeachtet, ob sie Verluste machen oder nicht,
die hart erarbeiteten Löhne und Gehälter ihrer Arbeitnehmer zu reduzieren.

Das zeigt wie einfach es ist, eine demokratische Ordnung
auszuhebeln, wenn die Mitte des Gegensatzes, in diesem
Fall die Regierung, die Mitte nicht einhält und damit
die gebotene Neutralität den Arbeitnehmern gegenüber
missachtet.

Um die Neutralität einer Regierung zu gewährleisten,
sollten deshalb alle Volksgruppen ihre Abgeordneten nach
ihrer prozentualen Mehrheit zur Wahl stellen, aus denen
dann eine Regierung ausgelost wird. Die Bildung von
Parteien ist dann nicht mehr nötig.

Jedem Bürger steht nur eine Stimme zur Verfügung. Die
reicht aus, um die Abgeordneten ihres Vertrauens aus der

jeweiligen Volksgruppe zu bestimmen. Eine Zweitstimme ist nicht nötig, denn sie öffnet Tür und Tor für die bewusste Manipulation. Mit der Zweitstimme der Regierungsbildung vorzugreifen und bereits damit Führungspersonen zu bestimmen, ist ein bewusstes Eingreifen in ein demokratisches Wahlverfahren, es verfälscht das Wahlergebnis und zerstört das Vertrauen.

Die bewusste Manipulation fängt bei den Lügen und Versprechungen an, die den Bürgern vor den Wahlen von den Parteien aufgetischt werden. Die Parteien gehen damit auf Stimmenfang und stiften bewusst Verwirrung, um das Gewissen der Bürger zu beeinflussen und sich zu profilieren. Eine Zweitstimme schafft noch mehr Verwirrung und kann den Willen der Wähler verfälschen.

Nach dem System der Gegensätze sind alle Seiten gleichwertig und benötigen darum neutrale Gesetze. Darum ist eine Stimme ausreichend. um sich nach bestem Wissen und Gewissen für den Zusammenhalt und das Wohlergehen eines Volkes zu entscheiden.

Die bewusste Manipulation begünstigt eine Seite und bewirkt, dass sie übermächtig wird. Aus diesem Grund kann dann keine Mitte entstehen, die allen Gruppen in einem Volk gerecht wird. Aus der Mitte der Gegensätze entsteht die Aufgabe für ein Volk. eine neutrale Basis zu bilden, das sind die Gesetze und ihre Einhaltung zu garantieren. Das ist genau gesehen die Aufgabe der Regierung.

Sie muss durch neutrales Verhalten das Ausufern einer Volksgruppe verhindern und damit das Volk zusammenhalten und die Sicherheit gewährleisten. Sie darf keine Volksgruppe bevorzugen noch ihnen Vorteile gewähren, auch nicht sich selbst.

So ist es auch falsch, davon auszugehen, dass die Mitte als auch die Mittelschicht gefördert werden muss, damit es dem gesamten Volk gut geht. Die gemeinsame Basis oder der gemeinsame Nenner, dass sind neutrale aus den Gegensätzen erschlossene Gesetze, nach denen sich alle im Volk richten müssen.

Dabei müssen die unterschiedlichen als auch gegensätzlichen Ansichten und Meinungen sowie Weltanschauungen der Menschen erhalten bleiben und berücksichtigt werden, damit man vergleichen und erkennen kann, was für das gesamte Volk und die Menschheit und auch unseren Planeten, die Erde, am verträglichsten ist. So kann der Lebensraum für das gesamte Leben auf dieser Erde erhalten werden, wenn der Mensch seine Vermehrung den Erträgen seiner Umwelt anpasst.

Aus der neutralen Mitte der Gegensätze sollen die Gesetze entstehen und die Seele des Volkes bilden. Ansonsten wird immer mehr Energie erzeugt und dadurch Materie vernichtet, bis die Erde total ausgebeutet ist und es für die ständig wachsende Weltbevölkerung zum Leben nicht mehr ausreicht und sie sich dann selbst ausrottet.

Zufriedenheit

Die Freude an der Arbeit und die der Leistung entsprechende Entlohnung als auch ausreichend Freizeit für soziale Kontakte und Zeit zum Ausruhen entscheiden, ob wir Menschen uns im Leben wohlfühlen und mit unserem Leben zufrieden sind. Wenn wir das erreichen, wird unsere Aggressivität nachlassen, denn die neutralen Gesetze zeigen uns den Weg, den wir Menschen nur folgen müssen.

Man kann nur die Verschwendung von Materie und Energie reduzieren, wenn man die Ursache erkennt. Das kann dann das Leben der Menschen ändern und es friedlicher und harmonischer gestalten.

Wird die Einhaltung der Neutralität durch die Gesetze von der Regierung gewährleistet, dann steigert das die Zufriedenheit aller Bürger in einem Volk. Einflüsse und Befindlichkeiten einzelner Personen oder Gruppen durch ihre Lobbyisten dürfen hier keine Rolle spielen und müssen abgestellt werden.

Das Volk hat durch die Duldung der ungerechten Verteilung des Geldes, die Macht an einzelne Menschen und ihre Interessensgruppen eingebüßt und sich dadurch entmachtet. Um diesen Machtverlust wieder auszugleichen, muss die Regierung durch eine neutrale Besteuerung und strikte Einhaltung der Demokratie die Macht dem Volk zurückgeben.

Das heißt, dass ohne Ausnahmen und Ansehen der Person Gesetzesverstöße geahndet werden müssen. Je neutraler und intelligenter sich die Mitte verhält, umso weniger Schaden wird auf der Welt verursacht.

Das betrifft vor allem die Herstellung von Waffen und Luxusobjekten und Produkten, für deren Herstellung zu

viel Energie verbraucht wird und der Nutzen in keinem
Verhältnis zum Aufwand steht. Dazu zählen Luxusobjekte
und die Atomindustrie.

Macht

Wird ein Mensch, aus welchen Gründen auch immer, sehr reich, dann wird er stolz und fühlt sich sehr mächtig und will anderen befehlen, wo es lang geht.

Er wird arrogant und herrschsüchtig, da er bemerkt hat, dass seine Mitmenschen ihn beneiden und sich ihm gegenüber untertänig verhalten.

Sie feiern und bedienen ihn in der Hoffnung, einen Vorteil für sich herauszuholen und merken gar nicht, dass sie durch dieses Verhalten den Mächtigen und Herrschenden noch reicher und damit mächtiger machen und sich selbst dadurch erniedrigen.

Der Besitzende sieht sich in seinem Verhalten bestätigt und bewertet das als Erfolg. Er fühlt sich als der Größte und Mächtigste und weiß, wie man die Menschen dadurch beeindrucken kann. Um seinen Status zu erhalten und weiter auszubauen strebt er nach noch mehr Geld und Macht. Die Sucht beherrscht ihn und er kann nicht erkennen, dass das Volk ihm seinen Erfolg erst ermöglicht hat. Ohne Hilfe der Gesellschaft und alleine aus eigener Kraft wäre ihm dieser Aufstieg niemals gelungen.

Der Mensch, der wenig Geld und keinen Besitz hat, fühlt sich minderwertig und ohnmächtig und wird dadurch misstrauisch und gewaltbereit. Er kommt zu dem Schluss, dass seine Leistung nicht gerecht bewertet wird und man ihn ausbeutet. Man zwingt ihn, für immer weniger Lohn und erhöhte Abgaben ständig mehr Leistung zu erbringen. Die Hoffnung auf ein menschenwürdiges Leben schwindet und er hat nichts mehr zu verlieren. Entweder er bleibt arm oder er wehrt sich und erkämpft sich, was ihm rechtmäßig seiner Leistung entsprechend zusteht.

Durch zu großen Reichtum einiger Menschen werden viele andere Menschen ausgebeutet. Nur eine neutrale und intelligente Regierung, die die Mitte der Gegensätze erkennt und danach handelt, kann die aufkommende Gewalt dann in einem Volk noch verhindern.

Eine einheitliche Bezahlung der Arbeit und angemessene Bewertung der Leistung aller Bürger ist darum die Voraussetzung für ein friedliches Zusammenleben der Menschen in einem Volk. Dann bleibt der Gegensatz arm und reich erhalten, aber jeder Bürger hat es selbst in der Hand zu entscheiden, wie viel Reichtum er für sein Leben benötigt, um seinem Leben einen Sinn zu geben.

Reichtum, der nicht durch eigene Arbeit und Leistung erworben wurde, artet in Egoismus, Habgier und Überheblichkeit aus und führt dazu, dass man seine Mitmenschen erniedrigt und nicht mehr achtet. Das macht sich in einer Gesellschaft bemerkbar.

Es sind immer diejenigen, die im Luxus leben, die anderen Menschen vorschreiben, mit wie viel Geld sie auskommen müssen und was ihnen alles zuzumuten ist und das alles nur, weil sie sich als etwas Besseres sehen und nicht bereit sind, gerecht zu teilen. Es ist bekannt, dass Menschen aus besseren Schichten mehr gefördert werden als andere, aber das berechtigt sie noch lange nicht, ihre Mitmenschen zu erniedrigen.

Gut und Böse

Einige Großmächte haben die Völker in die Guten und die Bösen aufgeteilt und den Gegensatz gut und böse verwendet, um sich als die Guten hinzustellen. Wer aber sind die guten und wer sind die bösen Völker und wer hat das Recht das zu entscheiden?

Aus der Mitte des Gegensatzes betrachtet, sind beide Seiten gleichwertig und somit weder gut noch böse. Das sagt, dass die Unterschiede nicht maßgebend sind, sondern der gemeinsame Nenner das ist das Geld und neutrale Gesetze, sie sichern den Zusammenhalt beider Seiten und bringen Eintracht und Frieden.

So müssten das auch die Regierenden sehen und die Gesetze neutral den Gegensätzen entsprechend in Kraft setzen und die Einhaltung sicherstellen. Das bildet Vertrauen und verhindert Gewalt. Dasselbe gilt auch für die unterschiedlichen Gruppen und Schichten in einem Volk.

Wenn eine gewählte Regierung die Neutralität aus der Mitte der Gegensätze einhält, sich nicht bestechen lässt und die Gleichbehandlung aller Bürger gewährleistet, steht dem Zusammenleben in einem Volk und unter den Völkern nichts mehr im Wege.

Das erste Beispiel von gut und böse, wird im Alten Testament berichtet. Der Kain erschlug seinen Bruder Abel. Er war fanatisch davon überzeugt, dass Gott seinen Bruder Abel mehr liebte als ihn. Weil der Rauch vom Feuer seines Bruders Abel gerade in den Himmel aufstieg und der Rauch seines Feuers nicht, sah er in seinem Bruder Abel den Übeltäter und erschlug ihn. So wurde Kain zum Sinnbild für das Böse und Abel als Vorbild für das Gute.

Daraus kann man erkennen, dass diese beiden Brüder
nichts miteinander verband, denn es fehlte die Mitte. Es
konnte sich zwischen den Brüdern kein Vertrauen bilden,
denn es fehlte der gemeinsame Nenner, die Bruderliebe,
und damit der Zusammenhalt.

Der fanatische Glaube an Gott hat den Gegensatz dauerhaft entartet und so konnte die böse Seite die Oberhand
gewinnen. Die übertriebene Liebe zu Gott hat die Brüder
gespalten und einen nach dem anderen vernichtet.

Nach den Naturgesetzen, den Gegensätzen, hat Kain
nicht auf sein Gewissen gehört und durch seine böse Hand-
lung, die Verbindung zum Zufall unterbrochen. So konnte
sich nicht ausreichend Intelligenz bilden, die erkannt hätte,
dass nicht Abel der Schuldige war, sondern die Gegensätze aus dem Wettergeschehen.

Sie hätten zusammen nachdenken und überlegen
müssen, warum der Rauch von Abel gerade aufstieg und
der von Kain verweht wurde. Beide Brüder hätten dann
die Ursache erkannt, daraus profitiert und ihr Leben durch
die Seele bereichert. So aber ist die Seite des Kain entartet
und bösartig geworden und hat damit die Entwicklung
von seinem Bruder Abel ebenfalls unterbrochen und verhindert. Abel war tot und Kain auf der Flucht und somit
früher oder später auch dem Untergang geweiht.

Dieses negative Beispiel setzt sich in der Geschichte
der Menschheit bis heute fort. Der Stärkere besiegt den
schwächeren Gegner und muss dann immer wieder seine
Stärke beweisen, bis er schließlich ebenfalls besiegt und
vernichtet wird. Diese negative Kettenreaktion ist sinnlos, bildet keine Seele und erzeugt nur Verlierer.

Der fanatische Wille in eine Richtung, nur der Stärkere,
der Sieger zu werden oder zu bleiben, entwertet beide Seiten
des Gegensatzes. Es hat sich der bösartige Wille durchgesetzt, sich unter allen Umständen und mit allen verfügbaren Mitteln als der Stärkere, als Sieger zu behaupten.

Man kann das bis in die heutige Zeit beobachten. Das betrifft alle Bereiche, angefangen beim Sport, die Wirtschaft und die Politik als auch die Religionen. Sie alle sind bestrebt, mit allen verfügbaren Mitteln, sich als Sieger hervorzutun. Um sich als Sieger zu präsentieren, wird mit Luxus geprotzt, der den Menschen mehr schadet als nützt.

Das Miteinander und die Verschiedenheiten der Menschen und Völker und ihre unterschiedliche Entwicklung zu akzeptieren und zu dulden, voneinander zu lernen, um sich dadurch besser zu verstehen und sich gegenseitig zu achten und zu helfen, rückt durch das Siegergehabe in den Hintergrund und verblasst.

Das betrifft auch den Lebensraum der Ureinwohner, den die Sieger ausbeuten und vernichten. Das geht bereits soweit, dass nicht nur Völker, sondern sogar einzelne Machthaber die Welt beherrschen wollen und sie gehen dabei über Leichen.

Es geht aber nicht darum, die Welt zu beherrschen, sondern sie zu erhalten, um sich aus ihr zu entwickeln. Sie dient als Übungsraum für alle Lebewesen, um die Seele zu bilden und sich auf den Kreislauf der Evolution und damit auf das Jenseits vorzubereiten.

An Macht und Luxus als auch an Schönheit nagt der Zahn der Zeit und alles ist vergänglich. Es schmilzt und zerfließt wie Eis in der Hand. Erhalten dagegen bleibt die Seele, die Verbindung zum Zufall, wenn sie im Leben gefestigt wurde und damit für neue Aufgaben bereit ist.

Die Natur hat den Lebensraum, die Erde, für alle Lebewesen und für uns Menschen erschaffen, um die Zusammenhänge und den Kreislauf der Evolution zu erforschen, zu verstehen und danach zu leben.

Das Volk

Ein Volk besteht aus mehreren Gruppierungen. Aus Vätern und Müttern mit Kindern und aus Verheirateten und Ledigen. Aus Arbeitgebern und Arbeitnehmern und aus Selbstständigen und Abhängigen. Aus Erwerbstätigen und Rentnern als auch aus Arbeitnehmern und Arbeitslosen sowie Beamten und Vorgesetzten.

Ein Volk besteht demnach aus mehreren Gegensätzen. Damit aus diesen Gegensätzen eine Mitte entstehen kann, die für alle Gruppen eine neutrale Basis bildet und Unzufriedenheit und Gewalt vorbeugt, ist es unbedingt notwendig, eine Regierung aus allen Gruppen zu bilden und das gesamte Volk an der Regierungsbildung teilnehmen zu lassen.

Jede Gruppe sollte nach ihrer prozentualen Mehrheit Abgeordnete wählen, aus denen dann die Regierung ausgelost wird. Dieser Regierung werden dann die von den Ämtern ausgearbeiteten Gesetze zur Abstimmung vorgelegt und mit Mehrheitsbeschluss in Kraft gesetzt. Dadurch kann der Wille des gesamten Volkes besser umgesetzt und Vorteilnahme, Bestechung sowie Korruption bekämpft und damit erschwert werden.

Die Parteien und ihre Streitereien und Lügen um Posten und Macht gehören dann der Vergangenheit an, denn wie man sieht, fördern sie die Einseitigkeit. Solange aber einzelnen Personen als auch Parteien, und damit den Siegern, die Entscheidungen überlassen werden, die das Zusammenleben in einem Volk und mit anderen Völkern betreffen, kann sich die Mitte die Demokratie nicht entfalten und weiterentwickeln. Das hat uns die Vergangenheit gezeigt.

Die Menschheit hat sich zu sehr nach dem Prinzip Ursache und Wirkung ausgerichtet. Alle kennen die Auswirkungen und Schäden, die den Menschen weltweit durch Kriege und Katastrophen und die damit verbundenen Zerstörungen entstehen. Das sind Ursachen, die man schwer voraussehen kann und so haben sich die Menschen zu sehr auf die Auswirkungen konzentriert und das lässt ihr Verhalten einseitig werden.

Es werden dann immer wieder die Auswirkungen behoben, die Ursachen aber werden dabei schnell vergessen und damit zu wenig beachtet und erforscht. Die richtige Reaktion wäre, sich mehr auf die Erforschung der Entstehung als auch Vermeidung von Ursachen zu konzentrieren.

Jetzt ein Beispiel, das die Auswirkung einer Ursache, auf die Arbeit der Menschen angewendet, betrifft. Ein Unternehmer beschäftigt mehrere oder viele Arbeitnehmer zu einem willkürlichen Mindestlohn. Das bewirkt, dass der Unternehmer sich auf Kosten der Arbeitnehmer privilegiert und damit bereichert.

Die Bildung einer Mitte, die erkennt, vergleicht und Schlussfolgerungen trifft und so aus Neutralität eine gemeinsame Basis bildet, eröffnet sich hier nicht. Ursache und Wirkung erzeugen vorerst nur Gewinner oder Verlierer, je nach Art der Ursache, und tendieren meist dazu, dass die Gewinner zu Siegern entarten. Daraus kann man schließen, dass Ursache und Wirkung allein keine Werte für die Seele bilden können, denn sie beziehen sich nur auf die Materie.

Auch der Mensch hat sich zu sehr auf den Besitz von Materie, das bedeutet, das Geld konzentriert. Er hat daraus die verschiedensten Konstruktionen und Maschinen erdacht und hergestellt, aber all seinen Produktionen fehlt die Seele und sie können sie auch nicht bilden, weil ihnen das Bewusstsein fehlt.

Das können nur Lebewesen die sich aus der Mitte von Gegensätzen gebildet haben und weiterentwickeln. Wo Gedanken und Gefühle entstehen und das Gewissen ein Hauch des Zufalls durch Neutralität für alle Entscheidungen und Handlungen in einem Leben hilft, aus den Gegensätzen die Seele zu bilden. Alles andere ist auf Sand gebaut und muss immer wieder erneuert und wiederholt werden.

Das erfahren wir zu Genüge auch in unserem Leben und so bietet die Wiederholung eine neue Chance. Das bedeutet, das Leben in neuer Gestaltung so lange zu wiederholen, bis das Ziel erreicht wird. Damit gibt die Natur jeder Lebensform nicht nur eine zweite, sondern immer wieder eine neue Chance, die Seele zu bilden und sich weiterzuentwickeln.

Circa sieben Milliarden Menschen leben auf der Erde. Ein Mensch kann die Masse von sieben Milliarden Menschen nicht überblicken, und die gesamte Masse kann den einzelnen Mensch auch nicht sehen. Darum haben sich bereits in der Vorzeit Gegensätze gebildet, die die Menschen in Familien, Gruppen und Völker aufgeteilt haben. Jetzt ist die Masse überschaubar und Zusammenhalt und Sicherheit eines Volkes stehen im Vordergrund.

Ein Volk ist vergleichbar mit einem Schwarm. Von einem Schwarm oder einer Kolonie Pinguine zum Beispiel kann ein Volk, was den Zusammenhalt und die Sicherheit betrifft, sich ein Vorbild nehmen.

Der einzelne Pinguin kann alleine die Kälte im südlichen Polarkreis im Winter nicht durchstehen. Als Schwarm ist das möglich, indem die einzelnen Pinguine von der Mitte der sichersten Stelle im Schwarm nach außen am Rand, wo die größte Kälte herrscht, rotieren und sich somit immer wieder in der Mitte aufwärmen und damit erholen können. Einer für alle und alle für einen und wenn sich alle daran halten, dann ist das Überleben aller gesichert.

Die Menschheit dagegen bevorzugt einzelne Menschen, Gruppen und Parteien und ermöglicht diesen, sich dauerhaft in der sicheren Mitte eines Volkes einzunisten und bedienen zu lassen. Eine Rotation auf freiwilliger Basis oder nach einem neutralen System findet hier nicht statt.

Darum wäre es angebracht, die Regierungen alle zwei bis drei Jahre durch Auslosung der von den Gruppen im Volk gewählten Personen neu zu bestimmen. Sonst kleben sie an ihren Posten und wollen dem Volk den Weg in die Zukunft weisen, obwohl sie die Neutralität missachten, und wie die Vergangenheit gezeigt hat, zieht das verheerende Folgen nach sich.

Vom einzelnen Herrscher bis zu den Parteien, sie alle wollen sich auf die Seite der Sieger sehen. Das zerstört den Zusammenhalt und schafft keine Sicherheit für alle Menschen in einem Volk.

Dieses Verhalten ist auch die Ursache von unzähligen Kriegen und hat zur Ausrottung kleiner aber auch größerer Völker geführt und schadet der Evolution. Der Mensch ist im Begriff, die aus den Naturgesetzen entstandene Vielfalt zu reduzieren.

Aber nur aus der Vielfalt entwickeln sich immer wieder neue Gegensätze, die für die Bildung der Seele und für die Evolution von größter Bedeutung sind. Auf Dauer entartete und damit bösartig gewordene Gegensätze entwerten sich selbst und lösen sich auf.

Freiheit

Betrachtet man das Wort Freiheit, das die Mächtigen eines Volkes ihren Bürgern als Erfolg ihrer Politik immer wieder ins Gedächtnis rufen, so sollte man sich mit diesem so gelobten Wort mehr auseinandersetzen.

Der Gegensatz Abhängigkeit und Unabhängigkeit bildet Freiheit und Verantwortung für das Leben. Der Gefangene kämpft, um zu überleben und der in Freiheit Lebende ebenfalls.

Der nächste Gegensatz Freiheit und Unterdrückung, bildet in der Mitte kämpfen. So muss der in Freiheit Lebende, um seine Freiheit zu behalten, kämpfen und der Unterdrückte muss, um seine Freiheit zu gewinnen, ebenfalls kämpfen. Das sagt aus, dass kein Mensch real in Freiheit lebt und nur die Materie, das Geld Freiheit ermöglicht.

Einer ist auf den anderen und alle auf das Volk, die Gemeinschaft, in der er lebt, angewiesen. Die Freiheit von Menschen hört da auf, wo sie andere Menschen, Gruppen oder das Volk schädigen.

Freiheit hängt auch mit dem Gegensatz arm und reich zusammen und ist mit ihm eng verbunden. Er besagt, dass jedem Bürger nur die Materie und somit das Geld gehört, das er sich aus eigener Arbeit und durch seine Leistung erworben hat, denn das Geld erschließt die Freiheit.

Der Mensch der viel Geld besitzt, kann sich somit mehr Freiheit leisten, beziehungsweise kaufen. Er kann die Hilfe der teuersten und erfolgreichsten Rechtsanwälte in Anspruch nehmen.

Der andere Mensch, der wenig Geld zu Verfügung hat, kann sich nicht viel leisten und muss jeden Tag um sein Überleben kämpfen. Er kann keine teuren Rechtsanwälte beauftragen, die seine Freiheit und seine Rechte für ihn durchsetzen. Auch hat er nicht die Möglichkeit seinen Wohnsitz frei zu wählen, geschweige denn seinen Arbeitsplatz zu bestimmen oder überhaupt eine Arbeit nach seinen Verhältnissen und Fähigkeiten zu bekommen.

Diesem Mensch ist die Freiheit verwehrt, auch wenn das Gesetz auf dem Papier ihm das zuschreibt. Freiheit hat nur der Mensch, der die Rechte, die ihm gewährt werden, auch leben kann. Das heißt zum Beispiel, wenn er die Freiheit, also das Recht hat, seinen Wohnsitz frei zu bestimmen und seinen Arbeitsplatz nach seinen Fähigkeiten und Voraussetzungen zu wählen, dann muss er diese Freiheit auch praktizieren können.

Ihm nützt die versprochene Freiheit nichts, wenn nicht ausreichend bezahlbare Wohnungen und ausreichend Arbeitsplätze zur Verfügung stehen. Verdient ein Mensch durch seine Arbeit zu wenig, dann kann er die Miete nicht bezahlen und auch den Arbeitsplatz nicht erreichen, weil das Geld fehlt. Dann kann er das Recht und die Freiheit auf einen selbst bestimmten Wohnsitz auch nicht wahrnehmen.

Demnach haben viele Menschen die von den Politikern versprochene Freiheit überhaupt nicht. Die Freiheit hängt also vom Geld ab und deshalb darf um Geld weder gespielt noch gezockt werden. Geld muss durch Arbeit und Leistung, auf die jeder Mensch Anspruch hat, erworben werden.

Rafft ein Mensch andauernd die Materie Geld durch Betrug, Ausbeutung und Ermordung seiner Mitmenschen zusammen, dann entartet er die Gegensätze und seine Handlungen werden einseitig. Er schadet damit sich selbst, weil er keine Seele bildet und damit für das Jenseits nicht vorbereitet ist.

Staatssysteme

Einige Mächtige sowie Regierungen wollen ihre unausgereiften Staatssysteme durch Druck und Kriege auf der ganzen Welt ausbreiten. Sie sollten aber zuerst vor der eigenen Haustüre kehren und ihr eigenes Haus sauber halten, bevor sie mit dem Finger auf ihre Nachbarn zeigen. Sie verbreiten die Ansicht, dass alle Menschen auf der Welt gleichberechtigt und gleichwertig sind, aber sie selbst verhalten und richten sich nicht danach.

Die Menschen der verschiedenen Völker auf der Welt unterscheiden sich vom Aussehen, durch Sitten und Gebräuche und unterschiedliche Mentalitäten. Dazu kommen die verschiedenen Entwicklungsstufen. Diese Unterschiede haben sich aus den Gegensätzen gebildet und die Vielfalt bewirkt. Diese Vielfalt ist der Mensch im Begriff zu reduzieren und er behindert damit den Kreislauf der Evolution. Denn nur die Vielfalt erhält den Kreislauf aufrecht.

Die Naturgesetze müssen eingehalten werden, denn sie sind die Grundlage und Basis, die allen Völkern gerecht wird und durch Neutralität die Seele bilden. Diese Basis ist das Geld, das jeder Mensch benötigt. Erst wenn das Geld, das für das Leben notwendig ist, durch Arbeit jedes einzelnen Menschen auf der Welt gerecht seiner Leistung entsprechend erworben werden kann, sind alle Menschen gleichberechtigt. Das ist der gemeinsame Nenner, der alle Menschen verbindet und Gewalt verhindern kann.

Von einem unausgewogenen System ins andere unvollkommene System zu flüchten, ist nicht die Lösung und dient auch nicht der Evolution. Jedes Volk muss sein Zusammenleben und seine Entwicklung selbst bilden und gestalten, und wenn es sein muss, auch einen Bürgerkrieg durchstehen.

Darum sollen sich andere Völker durch Geld und Waffenlieferungen, um ihre egoistischen Interessen durchzusetzen, nicht einmischen. Die Völker, die nach dem gemeinsamen Nenner ihr Zusammenleben gestalten, werden dann keine Schwierigkeiten haben, mit ihren Nachbarn friedlich miteinander oder nebeneinander zu leben.

Es ist wie in einer Familie, wenn Vater und Mutter den Kindern ein gutes Vorbild sind und ihren Nachwuchs nicht verwöhnen, sondern konsequent lehren, dass man alles, was man sich wünscht, auch selbst erarbeiten muss – dann wird Gewalt verhindert. Das bereichert die Familie und festigt das Volk und bildet die Werte, die die Seele benötigt, um die Schöpfung mit dem Zufall zu verbinden.

Wenn man vergleicht und dann das Gute von der bösen Seite und das Böse von der guten Seite erkennt und zum Vorteil beider Seiten zusammenführt, findet die Erweiterung des Bewusstseins statt und das bildet die Seele und erhält den Kreislauf der Evolution.

Aus den beschriebenen Gegensätzen wird erneut deutlich, dass alles miteinander verbunden ist und somit eine unendliche Vielfalt an Leben möglich ist, die im Einklang existieren kann, wenn man auf unnötigen Ballast und Luxus verzichtet. Das will die Menschheit aus den bereits aufgeführten Gründen nicht begreifen oder wahrhaben.

Die politischen Systeme der Völker sind alle darauf ausgerichtet, gierigen Menschen unermesslichen Reichtum auf Kosten des Volkes zu ermöglichen. Das hat zur Folge, dass immer mehr Menschen von der Gier befallen werden und so unvorstellbar viel Geld angehäuft wird. So wird dieses Kapital dazu verwendet, unseren Planeten, die Erde, total auszubeuten.

Es werden Dinge hergestellt und Gifte produziert, die von den Menschen zum Leben überhaupt nicht benötigt werden, aber ihre Gesundheit schädigen. Die auf Dauer die Umwelt vergiften und für die Menschheit und vielen anderen Lebensarten eine große Gefahr sind, denn sie verändern das Wetter.

Statt auf nachwachsende Rohstoffe zu setzen und die natürliche Kraft und Energie der Natur effektiver zu nutzen als auch die der Menschen und Tiere voll auszuschöpfen, wird die Gier gefördert. Für bald jeden Handgriff und jede Bewegung werden immer mehr Maschinen hergestellt. So steigt auch der Verbrauch an Energie, das ist der Strom, der zum Betrieb der Maschinen nötig ist. Das zerstört auf lange Sicht unseren Lebensraum.

Darum sollten die Arbeiten nur dann von Maschinen ausgeführt werden, wenn der Energieverbrauch in einem angemessenen Verhältnis zum Nutzen steht. Das schont die Umwelt und gibt Menschen Arbeit.

Seit dem Zweiten Weltkrieg will man den Hunger auf dieser Welt bekämpfen und abschaffen, aber an die siebzig Jahre danach verhungern immer noch viele Menschen und es ist den Verantwortlichen nicht gelungen, dieses Ziel zu erreichen. Das zeugt davon, dass auf diesem Gebiet die Völker sich nicht weiter entwickeln und versagt haben.

Die Gier hat den Gegensatz arm und reich dauerhaft entartet und damit das Böse hervorgebracht. Daraus kann man schließen, entweder die Menschheit reduziert ihre Vermehrung oder sie bekämpft effektiver die Gier, um das menschliche Leben für alle zu erhalten.

Lebensqualität

Jeder einzelne Mensch kann, wenn er mehr auf sein Gewissen hört, dazu beitragen, die Lebensqualität in seinem Volk und für die gesamte Menschheit zu verbessern, um allen ein erfülltes Leben zu ermöglichen, wenn er auf Luxus verzichtet und sich mehr auf die Bildung der Seele konzentriert.

Denn jeder Mensch hat durch die Geburt das gleiche Recht auf ein Leben nach seinen Bedürfnissen. Das verpflichtet ihn aber, seine Fähigkeiten der Gesellschaft, in der er lebt, zur Verfügung zu stellen. Der Mensch sollte dementsprechend seinem Gewissen folgen, sodass Süchte und Gier jeder Art keine Chance haben, sich auszubreiten.

Wenn wir Menschen uns dann selbst besser kennen und selbstbewusster werden, haben wir es nicht mehr nötig, andere nachzuahmen und wie sie sein zu wollen und sie zu beklatschen. Wir werden dann den Lügnern, Betrügern und Täuschern sowie den Getarnten und den sogenannten Siegern in der Gesellschaft entschlossener entgegentreten und so mitbestimmen, wie das Miteinander am effektivsten für alle gestaltet werden kann.

Wenn das nicht jeder Mensch erkennt und danach handelt, kann sich, wie in der Vergangenheit, die Zukunft für die gesamte Menschheit nicht verbessern. Liebe deinen Nächsten wie dich selbst. Das sagt uns, dass wir alle gleichwertig sind. Darum müssen wir unsere Mitmenschen tolerieren, respektieren und achten. Nach dem Satz: Was du nicht willst, das man dir antut, das füge auch keinem anderen Mensch zu.

Aus dem Gegensatz Mann und Frau bildet sich Liebe und Vertrauen. Sie sollen beide Seiten zusammenbringen und zusammenhalten, um neues Leben zu zeugen. Denn nur aus dem Gegensatz plus und minus, Mann und Frau kann Leben entstehen. Liebe zwischen zwei Männern oder zwei Frauen erzeugt kein Leben.

Die Natur hat diese Liebe offen gehalten, um der Vermehrung einzelner Lebensarten durch die Einseitigkeit entgegenzuwirken. Darum soll man gleichgeschlechtliche Paare tolerieren, man muss sie aber nicht fördern.

Der Gegensatz viel und wenig sagt aus, dass sich eine Lebensart, und dazu zählt auch der Mensch, nicht unkontrolliert vermehren soll, damit er seinen Lebensraum erhalten und sein Leben nach dem System der Gegensätze gestalten kann. Wenn eine Lebensform wie der Mensch die Erde überbevölkert und dauerhaft einseitig in Richtung viel ausdehnt, dann zerstört er seinen Lebensraum und den vieler anderer Lebensarten ebenfalls.

Die Menschheit hat aus ihrer Geschichte nicht die nötigen Schlüsse gezogen und ist einseitig geworden. Da wurden viele Kriege geführt und es gab Sieger und Verlierer auf beiden Seiten, aber nur selten Gewinner. Das war beim Ersten Weltkrieg so und beim Zweiten Weltkrieg verhielt es sich nicht anders.

Es bildete sich keine neutrale Mitte, die beide Seiten des Gegensatzes hätte unter Kontrolle halten können. So waren beide Seiten letztendlich die Verlierer. Die Mächtigen der damaligen Völker waren nicht einsichtig und bereit, die Weltkriege zu verhindern. Sie haben sich auf keinen für beide Seiten akzeptablen Nenner einigen können und Schuld auf sich geladen.

Erst wenn die Lebensqualität und damit die nötige Zufriedenheit der Menschen mit ihrem Leben erreicht wird und die Völker durch die genaue Einhaltung der Demokratie sich näher kommen, werden Kriege, die nur Verlierer auf beiden Seiten hinterlassen, der Vergangenheit angehören.

Die Hauptursache sind einzelne Machthaber und auch Regierungen, die die Interessen der übermächtig gewordenen Banken und Konzerne fördern, statt sie zu kontrollieren, damit sich die Lebensqualität von immer mehr Menschen nicht verschlechtert. Darum ist es so wichtig, dass nicht einzelne Mächtige oder Parteien über ein Volk bestimmen, sondern das gesamte Volk die Richtung in die Zukunft vorgibt.

Die Menschen haben die Kraft, die aus der Mitte der Gegensätze fließt, noch nicht richtig erkannt. Da viele Menschen in den Gesellschaften und Völkern egoistisch denken und immer ihren Vorteil im Auge haben, ist ihr Denken und Handeln nach dem Prinzip, immer die Erfolgreichen zu fördern und ihnen ständig Vorteile zu gewähren, ausgerichtet. Das ist aber genau das Gegenteil von dem, was man aus der Mitte der Gegensätze schließen kann und sein Handeln danach tätigen sollte.

Der Erfolgreiche benötigt keine Unterstützung. Er hat durch seinen Erfolg bereits bewiesen, dass er Stärke und Durchsetzungsvermögen besitzt. Wird er zusätzlich gefördert und unterstützt, wächst seine Macht und er kann dadurch die Menschen und sogar Regierungen beeinflussen.

Der Erfolgreiche und der Erfolglose, für beide ist der gemeinsame Nenner die Arbeitsleistung, nach der beide Seiten bewertet werden können. Durch diese Gemeinsamkeit können beide selbst bestimmen, wie sehr sie sich anstrengen und durch Arbeit erfolgreich sein wollen oder müssen. Der gemeinsame Nenner ist immer der gerechte Ausgleich, den uns die Gegensätze aufzeigen.

Gefördert und unterstützt sollten nur die Menschen werden, die geistig und körperlich nicht in der Lage sind, ihre volle Leistung für ihren Lebensunterhalt zu erbringen und so den Verpflichtungen dem Staat gegenüber nicht nachkommen können.

Die weitverbreitete Ansicht, dass die Erfolgreichen und damit die Sieger dauernd bevorzugt und belohnt werden müssen, ist unlogisch. Die arbeitende Bevölkerung und ihre Leistung wird dadurch nicht mehr wahrgenommen, aber letztendlich sind sie diejenigen, die diese Belohnungen erarbeiten und damit auch bezahlen müssen. Diese Sichtweise gewinnt man nur aus der Mitte der Gegensätze, denn sie bilden Intelligenz und die Seele.

Die Einseitigkeit hat sich auch in der Rechtsprechung breit gemacht und damit wird die Gleichbehandlung aller Bürger vor dem Gesetz auch hier missachtet. Das stiftet unreife junge Menschen an, sich unbedingt als Sieger zu fühlen und zu beweisen. So kommt es, das dann auf dem, der bereits am Boden liegt, immer wieder eingeschlagen wird. Der Sieger kann den Verlierer nicht mehr als gleichwertigen Mensch erkennen, denn er ist für ihn bedeutungslos geworden. Der Gegensatz wird dadurch einseitig und damit bösartig.

Gegenteil

Die Gier der Volkseliten als auch der Religionen nach Geld und Macht hat viele Menschen aufgeschreckt und sie vertrauen ihnen nicht mehr. Wenn man das Gegenteil von dem praktiziert, was sinnvoll wäre, kann man daraus Profit schlagen, aber für die Seele bilden sich keine Werte.

Statt den Mächtigen und ihren Banken, die das hart erarbeitete Geld und Kapital der arbeitenden Bevölkerung verzocken und verprassen, wieder durch Steuern abzunehmen, wird das Gegenteil praktiziert. Die Allgemeinheit, das Volk, soll diese Täter retten. Sie gehen straffrei aus und profitieren auch noch aus dieser Aktion, nach dem Motto: Geld regiert die Welt.

Anstatt die Ursachen zu erkennen und zu beseitigen, wird genau das Gegenteil praktiziert. Die Verursacher werden weiterhin gefördert und dadurch ihr Fehlverhalten belohnt.

Diese Denkweise stammt aus der Vergangenheit. Man hat einem vermeintlich übermächtigen und gottähnlichen Wesen Opfer dargebracht, um es zu besänftigen, in der Hoffnung, vor Übergriffen und Naturkatastrophen verschont zu werden. Damit hat man sich dem übermächtigen Wesen ausgeliefert, das dann immer mehr Opfer fordert. Nach diesem Muster haben sich die Völker ihren Machthabern jahrhundertelang unterworfen.

Fordern ist nicht mehr modern, heute waltet und herrscht die Macht der Selbstbedienung. Kein Volk auf dieser Welt praktiziert in der heutigen Zeit echte Demokratie, die das Gewissen aufzeigt.

Das griechische Volk hat als erstes in der Geschichte bemerkt, dass zwischen Macht und Ohnmacht eine gerechte

Basis gefunden werden muss, um ein Volk zusammenzuhalten, Sicherheit zu geben und damit die Zufriedenheit der Bürger zu erreichen. Das gibt dem ganzen Volk
Kraft und Vertrauen sowie den Regierenden Mut, die
Neutralität einzuhalten. Darum wurde die Regierung
der Griechen aus den gewählten Abgesandten der unterschiedlichen Volksgruppen ausgelost.

Dieses Verfahren bietet die größtmögliche Garantie,
dass Vetternwirtschaft, Bestechung und Korruption keine
Chance haben, sich auszubreiten. Das hat in der Geschichte
anderen Herrschern nicht gefallen und darum hat sich
der Gedanke der Mitte, die Demokratie, so nicht fort-
gesetzt.Sie ist verzerrt worden, sodass die bereits genannten
negativen Auswirkungen bis heute bestehen.

So ist der Teil eines Volkes, der von diesen Aktivitäten
ihrer Herrscher profitiert, mit den Diktatoren und Machthabern als auch Regierungen zufrieden. Der andere Teil
aber, der dadurch ausgebeutet wird und unzufrieden ist,
wird ignoriert. Nach dem System der Gegensätze bildet die
ignorierte Seite ebenfalls keine Werte für die Evolution,
wenn sie sich nicht wehrt und den Kopf in den Sand steckt.

Die Mitte, und damit die Führung oder eine Regierung,
versagt, wenn sie sich nicht neutral verhält, und trägt dann
die Schuld, dass der Gegensatz zufrieden und unzufrieden
außer Kontrolle gerät.

Vertraut ein Volk seiner Regierung blindlings und
kontrolliert sie zuwenig, dann verliert das Volk seine Macht
an das Kapital und wird einseitig. Das ist dann der Nähr-
boden für einen Bürgerkrieg.

Theorie und Praxis

Die Gesellschaften fördern und belohnen neue Ideen. Dabei spielt es keine Rolle, ob diese Ideen, in der praktischen Ausführung, die Arbeit aller Beteiligten der Leistung entsprechend bewerten.

Die Arbeitnehmer, die diese Ideen in die Tat umsetzen müssen, werden ausgebeutet, wenn ihre Arbeit und Leistung nicht neutral nach dem Lebensstandard des Volkes, in dem sie leben, bemessen wird. Erst wenn Theorie und Praxis gleichgestellt, das heißt, anerkannt und gleich bezahlt werden, ist die Neutralität in der Mitte hergestellt.

Eine Idee und die daraus gewonnene Theorie ist, von der Intelligenz beurteilt, nicht mehr und nicht weniger wert als die ausführende, die praktische Arbeit. Denn wenn es die praktische Arbeit nicht gibt, ist die Theorie bedeutungslos und somit wertlos. Werden Arbeiten ausgeführt, die theoretisch keinen Sinn machen, sind sie ebenfalls bedeutungslos.

Die gleiche Anerkennung und Bewertung ist die gemeinsame Basis, die beiden Seiten des Gegensatzes gerecht wird, ihre Unterschiede bestehen bleiben und Zusammenhalt und Zusammenarbeit sicherstellen.

Nur eine gemeinsame Basis öffnet die Seele und kann beide Seiten eines Gegensatzes unter Kontrolle halten. Alles andere wird verweht wie der Sand in der Wüste.

Die Werbung

Aus den unzähligen Waren sowie Produkten und Dienstleistungen, die hergestellt und angeboten werden, ist die Werbung entstanden.

Der Gegensatz wertvoll und wertlos erschließt den Sinn, den Nutzen und die Qualität einer Ware. Die Hersteller als auch die Vertreiber wollen ihre Angebote verkaufen und werben für ihre Produkte. Sie diktieren die Werbekosten den Verbrauchern auf.

Die Verbraucher aber werden nicht gefragt, ob sie damit einverstanden sind und dass die am besten bezahlten und teuersten Prominenten in den Medien die Werbung für ihre Produkte präsentieren. Diesen Prominenten werden Werbeverträge in Millionenhöhe angeboten und bezahlt, die in keinem Verhältnis zu ihrer Leistung stehen.

Erfüllt eine Ware seinen Zweck und die Qualität als auch der Preis stimmen, dann verkauft sich die angebotene Ware von selbst. Dann ist die Werbung meist überflüssig und die Übertreibungen, die oftmals an Betrug grenzen, und die Millionenkosten, die den Verbrauchern aufgezwungen werden, könnten dann sinnvoller eingesetzt werden.

Qualitativ hochwertige und benötigte Ware zum angemessenen Preis überzeugt immer und findet seine Abnehmer auch ohne Werbung. Dann kann jeder Verbraucher selbst entscheiden, was für ihn wichtig ist und was er benötigt. Ein altes Sprichwort sagt: Eigenlob stinkt, und das trifft hier genau ins Schwarze.

Das betrifft auch die Parteien und ihre aufgestellten Kandidaten bei den Volkswahlen. Die vielen Werbeplakate, auf denen nichts als Eigenlob und Versprechungen zur Schau gestellt werden, und dann nach der Wahl das

Gegenteil folgt, verursachen dem Volk ebenfalls Millionenkosten, die auch der Wähler bezahlen muss, ohne gefragt zu werden, ob er damit einverstanden ist.

Diese Gelder könnten intelligenter eingesetzt werden, da die Mehrzahl der Völker hoch verschuldet sind. Außerdem werden dadurch viele Wähler irregeführt und können somit nicht mehr nach ihrem Gewissen die richtigen Entscheidungen treffen.

Jeder Bürger soll aus seiner Lebenssituation und nach seinem Gewissen sowie zum Wohle der gesamten Bevölkerung seine Entscheidung bei der Wahl kundtun, damit eine neutrale Regierung gebildet wird. Die Aufgabe einer Regierung ist, den Willen des gesamten Volkes zu ermitteln und durchsetzen.

Werbung ist nicht nötig, denn hier zählen nur Taten. Sprüche sind hier ebenfalls fehl am Platz und kosten dem Wähler nur Geld.

Besitz

Aus dem Gegensatz viel und wenig ergibt sich nicht nur ausreichend, sondern auch besitzen. Man sollte nur so viel besitzen, was ausreicht, um das Leben zu erhalten und daraus die Seele zu bilden. Um sich weiter zu entwickeln und sich des Lebens zu erfreuen, ist Besitz nicht nötig.

Da gibt es Gruppen, Vereine und Betriebe bis zu den größten Konzernen, an denen man sich durch Mitgliedschaft und Mitarbeit beteiligen kann. So hat jeder Mensch der willig ist, die Möglichkeit, seine Talente und erstrebenswerten Anforderungen an sein Leben zu fördern und damit die Freude am Leben zu steigern unter Einhaltung der Neutralität der Mitte.

Der Besitz von riesigen Vermögen und Luxus ist nicht nötig, denn er wird missbraucht, um die Mitmenschen zu beeindrucken und sich in den Vordergrund zu stellen und um Macht zu demonstrieren.

Es kommt im Leben aber nicht darauf an etwas zu besitzen, sondern sich aus dem Etwas zu entwickeln. Neue Erkenntnisse zu gewinnen und daraus Schlussfolgerungen zu ziehen, um nicht das Sandkorn im Getriebe der Evolution zu sein. Zu erkennen, dass man auf dieser Welt nicht der Wichtigste ist, sondern sich einzureihen hat, um seinem Volk und der Menschheit das Leben und die Existenz zu erleichtern und damit zu erhalten.

Diese Sichtweise und Erkenntnis über das Leben und die Entwicklung aller Dinge, insbesondere die der Menschen, kann man nur gewinnen und verstehen, wenn man alles total neutral von der Mitte aus vergleicht und jeder Art von Sucht widerstehen kann. Sich in jede Seite der Gegensätze hineinversetzen kann und daraus die

Schlussfolgerungen festhält, die der Seele die Verbindung zum Zufall eröffnen.

So werden die Lügen und Betrügereien sowie Illusionen, die zum Leben dazugehören ausgesiebt. Dabei ist es wichtig, sich von allen Begierden und Süchten, die jeden Mensch befallen können, zu befreien und auf sein Gewissen mehr zu achten.

Verantwortung

Da der Mensch als Einzelner nicht lebensfähig ist, hat er eine Gemeinschaft gebildet und daraus sind dann die Volksstämme und die Völker entstanden. Um das Leben jedes Einzelnen und das Aller in einem Volk zu gewährleisten, trägt das Volk gegenüber jedem einzelnen Mitglied in dieser Gemeinschaft, eine gewisse Verantwortung. Die besteht darin, alle Menschen ohne Ausnahme in einem Volk gleich zu bewerten und zu behandeln.

Das ist durch Gesetze möglich, die aus der Mitte der Gegensätze ermittelt werden können und die einen gemeinsamen Nenner ermöglichen, um ein Volk zusammenzuhalten und ihm Sicherheit zu geben. Sie müssen für alle Bürger ohne Ausnahme gelten und von allen in einem Volk eingehalten werden.

Diese Gesetze müssen so formuliert sein, dass sie jeder normal entwickelte Mensch verstehen und seine Handlungen im Leben danach ausrichten kann. Da Quantität nichts über Qualität aussagt, müssen die Gesetze für alle Bürger nachvollziehbar und auch überschaubar sein.

Immer mehr Gesetze und Ausnahmen schaffen nicht mehr Gerechtigkeit, sondern fördern den Missbrauch. Sie müssen eindeutig und verständlich formuliert sein.

Die Menschen haben ein Recht auf Nahrung und Gesundheit, Ausbildung und Arbeit, Wohnung und Freizeit als auch auf Versorgung im Alter. Das zu gewährleisten ist die Pflicht einer Regierung. Sie vertritt das Volk und hat sich neutral zu verhalten.

Daraus entsteht andererseits die Pflicht von jedem Bürger ohne Ausnahme, dem Volk zu dienen und sich anzustrengen, bei welcher Arbeit und Tätigkeit auch immer, die Gemeinschaft durch Steuern und Abgaben zu erhalten und zu fördern.

Werden die staatlichen Pflichten nicht eingehalten und missbraucht, so werden die Menschen betrogen. Sie fühlen sich ohnmächtig und werden gewalttätig. Das kann dann auch die Ursache für Kriminalität und Kurzschlusshandlungen sowie Suiziden sein. Betrifft das größere Teile in einem Volk, so artet das in Terror und Mord aus, was dann zu einem Aufstand oder einem Bürgerkrieg führen kann.

Erfüllt der einzelne Bürger seine Pflichten nicht gegenüber der Gemeinschaft, dem Staat, so hat dieser die Macht, wenn er konsequent ist, Recht und Ordnung durchzusetzen.

Neutralität

Blickt man noch einmal auf den Anfang aller Dinge der Entstehung zurück, so bedeutet die Spannung plus und die darauf folgende Entspannung minus, was an sich ziehen und von sich stoßen bedeutet. Demnach hat sich aus plus und minus, was in der Mitte null ergibt und absolute Neutralität bedeutet, das Universum und auch das Leben aufgebaut, geordnet und entwickelt.

Es ist die Bewegung, aus der das Leben entstanden ist. Plus und minus bestimmt nicht nur die Ordnung, sondern lässt auch neues Leben entstehen. So erzeugen auch Mann und Frau in der Mitte bei Null, dem Anfang, neues Leben.

Stehen sich zwei Seiten, also Gegner gegenüber, so trifft das biblische Gleichnis: Auge um Auge, Zahn um Zahn zu. Beide müssen so lange ringen und kämpfen, bis sie einsichtig werden und zu der Erkenntnis kommen, dass sie eine neutrale Mitte bilden müssen, die es beiden ermöglicht, ihre Differenzen zu erhalten, ohne sich gegenseitig umzubringen. Denn die Mitte der Gegensätze sieht die eine Seite wie die andere Seite als gleichwertig an.

Ein weiteres Gleichnis besagt: Haut dir einer auf die linke Backe, so halte ihm die rechte Backe auch hin. Nach den Gegensätzen muss der Geschlagene dem Schläger ebenfalls auf die linke Backe hauen, sodass beide die Schmerzen fühlen. Dann können beide Seiten die Schmerzen spüren und einen klügeren Weg wählen, der die Differenzen erhält und dennoch Gewalt verhindert.

Wie man mit unterschiedlichen Instrumenten unter einem Dirigenten harmonisch zusammen musizieren kann, wenn sich alle an die Noten halten, so könnten auch die unterschiedlichsten Völker unter dem gemeinsamen

Nenner, das ist für die Menschen das Geld, zusammenspielen und sich weiter entwickeln. Das Geld, das die Materie bewertet, muss aber von allen Völkern anerkannt und dem Wert der Materie neutral angepasst werden.

Erst wenn eine Lebensform sich seiner Existenz bewusst ist, kann es selbstständig Entscheidungen treffen und seinem Leben einen Sinn geben. Dann kann man die Gegensätze erkennen und vergleichen und Schlussfolgerungen daraus ziehen und somit auch Entscheidungen treffen.

Wir Menschen sind uns unserer Existenz bewusst, körperlich gesehen und gefühlt als auch geistig wahrgenommen, und wir kennen auch die Seele. So kennen wir viele Gegensätze wie Freude und Leid, Liebe und Hass sowie Armut und Reichtum.

Damit man sich in jede Seite hineinversetzen kann, muss man beide Seiten kennen und erlebt haben. Erst dann fühlt man die Seele und ist fähig, die Evolution und damit die Zukunft zu gestalten. Vorausgesetzt, man erhält die Verbindung durch die Seele zur Neutralität dem Zufall.

Der Körper

Aus Gegensätzen haben sich die unterschiedlichsten Größen gebildet und so ist Leben in allen Formen, von den kleinsten bis zu den größten Arten entstanden.

Die einzelne Heuschrecke zum Beispiel ist nicht sehr groß und man beachtet sie kaum. Einen Schwarm Heuschrecken dagegen kann man nicht übersehen und er kann der Umwelt und somit auch den Menschen großen Schaden zufügen.

Damit eine Art nicht überhandnimmt und jedes Leben, um zu existieren Nahrung benötigt, hat der Gegensatz fressen und gefressen werden seine Berechtigung auf dieser Welt. So entscheidet das Bewusstsein, die Intelligenz als auch die Realität jeder einzelnen Art, wer wen frisst.

Der Mensch hat sich diesem System weitgehend entzogen und trägt damit die Verantwortung, dass dieser Kreislauf der Natur nicht gestört wird. Wenn die Menschheit dieser Verantwortung nicht gerecht wird, schadet sie sich selbst. Die Menschheit hat die Gefahr für ihre Existenz noch nicht voll erkannt und ist noch nicht bereit, die Lösungen, die sich aus den Gegensätzen anbieten, anzunehmen, um ihre Existenz zu erhalten.

Sie sollte ihr Bevölkerungswachstum vermindern und die gemeinsame Basis, das Geld für alle auf der Welt, der Arbeit angleichen und der Leistung entsprechend bewerten, damit Chancengleichheit gegeben ist.

Da das System der Gegensätze alles miteinander verbindet, kann man ein Volk auch mit einem menschlichen Körper vergleichen. Dem Körper aus Materie und Energie wird durch die Bewegung das Leben ermöglicht. Um den Körper zu erhalten und auch die Bewegung und

Handlungsfähigkeit zu gewährleisten, muss zusätzlich Nahrung aufgenommen werden.

Führt der Mensch seinem Körper zu viel Nahrung zu, also mehr Materie, als durch seine Bewegung und Arbeit verbraucht oder verbrannt wird, dann nimmt er zu und bekommt Übergewicht. Bewegt er sich zu wenig, dann nimmt er weiter an Gewicht zu und wird anfällig für Krankheiten und wird dann nicht gegengesteuert, kann das zum frühzeitigen Ende zum Tod führen.

Die menschliche Materie bildete sich aus mehreren Gegensätzen nach dem Vorbild der Entstehung. Die Mitte, der Kopf, in der die Seele wohnt, fühlt und kennt der Mensch aus seinen Gedanken. Richtet er seine Entscheidungen, die den Körper betreffen, neutral aus und nimmt nur so viel Nahrung auf, wie nach Bewegung und Leistung der einzelnen Körperteile benötigt wird, dann kann jede Seite seine unterschiedlichen Aufgaben erfüllen und der Körper bleibt gesund und leistungsstark.

Aus den verschiedensten Gründen, die bereits aufgeführt wurden, können Körperteile geschädigt und damit geschwächt werden und versagen. Sind diese Körperteile zum Erhalt des Lebens notwendig, dann kann nur eine Transplantation von einem Spender das Leben retten. Da der Körper aus einer natürlichen Reaktion das Spenderorgan abstößt, benötigt der Körper regelmäßig Medikamente, die das verhindern können.

Erst dann wird das Überleben mit einem fremden Spenderorgan möglich. Es kann aber nicht jedes beliebige Spenderorgan transplantiert werden, sondern nur ein Organ, das der Körper verträgt und damit geeignet ist. Das funktioniert auch nur, wenn die Seele des betroffenen Menschen das fremde Organ akzeptiert.

Vergleicht man das mit einem Volk, so kann man Parallelen erkennen und Schlüsse daraus ziehen. Die

Materie ist das Volk und die Energie die Bewegung und Arbeit der Menschen in dem Volk.

Um die Existenz und den Zusammenhalt sowie die Sicherheit eines Volkes zu gewährleisten, wird weitere Materie benötigt, die wir mit Geld bewerten. Die gemeinsame Basis ist das Geld, damit kann die gesamte Materie auf der Welt neutral bewertet und das Geld aller Völker darauf abgestimmt werden. Mit dem Geld kann jede beliebige Materie, ob als Rohstoff oder verarbeitet, bewertet werden.

Solange von jedem Bürger das benötigte Geld durch Arbeit und Leistung erworben wird und alle vom Staat durch Abgaben gleich belastet werden, kann ein Volk ohne Terror bestehen und seine Zukunft nach dem System der Gegensätze gestalten. Darum ist es so wichtig, dass eine Regierung sich unbedingt neutral gegenüber allen Bürgern verhält.

Verwendet die Regierung die Abgaben, womit auch die Steuern gemeint sind, unsachgemäß und missbraucht sie dazu, einzelne Personen und bestimmte Gruppen im Volk zu begünstigen und ihnen damit Vorteile zu verschaffen, dann führt das zu Unfrieden und zerstört die gemeinsame Basis für ein friedliches Zusammenleben. Aus diesem Grund kann die Leistung einer Gruppe im Volk geschwächt werden oder total ausfallen.

Um diesen Missstand zu beheben, werden Fremdteile, Menschen aus anderen Völkern eingepflanzt, ohne zu überprüfen, ob diese Fremdorgane für das Volk auch verträglich und geeignet sind und dem Volk nicht mehr schaden als nützen.

Deshalb muss ein Volk durch Abstimmung befragt werden, ob es fremde Volksgruppen akzeptiert und welche Nachbarvölker die Voraussetzungen erfüllen. Denn das Volk muss dieser Transplantation oder Integration schließlich zustimmen und auch bezahlen.

Denn auch hier fallen laufende Kosten, mit anderen Worten Medikamente, an, die bezahlt werden müssen. Das sind Kosten für Sprachunterricht und Kindergeld, dazu kommen die Ausgaben für Arbeitsvermittlung und Arbeitslosigkeit und die Kosten für die Einrichtung neuer Ämter wie die Ausländerbehörde. Dann entstehen noch Ausgaben für Wohnraum und Nebenkosten und man darf auch den Mehraufwand für die Gesundheitskosten nicht übersehen.

Holt man Menschen aus allen Ländern der Welt in ein Land und versucht diese in ein Volk zu integrieren, verändern sich die Machtverhältnisse, die Sitten und Gebräuche als auch die Gesetze und das Verständnis für Demokratie und die eigene Identität geht verloren.

Deshalb muss der gemeinsame Nenner, das Geld, noch genauer der Arbeit und Leistung jedes Menschen angepasst werden, um ein nebenher leben und die damit verbundene Kriminalität zu verhindern. Damit steigen die Kosten für die Sicherheit ebenfalls und es wird immer schwieriger, so eine gebildete Gesellschaft aus allen Kulturen unter Kontrolle zu halten.

Gewinner und Verlierer

Aus dem Gegensatz Gewinner und Verlierer bildet die Mitte Anstrengung und Freude. Aber nur unter der Voraussetzung, dass für beide Seiten die gleichen Bedingungen und Regeln angewendet und eingehalten werden.

Dieser Gegensatz ist für das Zusammenleben der Menschen auf unserem Planeten besonders wichtig. Er hängt mit den Gegensätzen arm und reich, faul und fleißig sowie Freude und Leid eng zusammen.

Strengt sich ein Mensch besonders an, ist fleißig und genügsam, kann er reich werden und man betrachtet ihn als Gewinner. Ist ein Mensch faul und lässt sich gehen, wird er zum Verlierer und bleibt arm. Strengen sich mehrere Menschen an, wie bei sportlichen oder anderen Wettbewerben, so ergeben sich ebenfalls Gewinner und Verlierer.

Das stärkt den Willen, kräftigt den Körper und steigert die Freude am Leben der Menschen. Werden die Bedingungen und Regeln missachtet, also nicht eingehalten, wird der Gewinner zum Sieger.

Das Gleiche passiert bei Wettbewerben, wenn Teilnehmer mit unterschiedlichen technischen Ausrüstungen bestückt werden und von Betreuern mit Drogen und Aufputschmitteln auf Höchstform auflaufen und sich so zum Sieger erheben.

Dieses Verhalten bildet für beide Seiten aus dem Gegensatz Gewinner und Verlierer keine Werte für die Seele, da die Neutralität missachtet wurde. Solche Sieger zu bejubeln und zu feiern und sie auch noch zu belohnen, kommt der Belohnung von einem Betrüger gleich, dessen sollte man sich bewusst sein. Das macht die Gewinnerseite des Gegensatzes zum Sieger und damit bösartig.

Anerkennung

Gibt eine Behörde, Regierung oder das Volk einem Mensch zu viel Anerkennung und belohnt ihn mit einer Führungsstellung und gibt ihm dadurch Macht, führt er sich gleich wie ein kleiner Fürst, Diktator oder König auf.

Er beansprucht für sich mehr Geld und benötigt gleich ein extra Büro mit exklusiver Ausstattung. Dann will er bedient werden und ihm steht sofort ein Dienstwagen mit Fahrer und Bodyguard oder gar eine Sonderflugmaschine für Dienst und Privatreisen zu. Er fordert für sich mehr Rechte ein, um seine Macht zu stärken und sieht seine Mitarbeiter als Untergebene an, mit denen man nach Belieben verfahren kann.

Dadurch missbraucht er die Macht, die ihm das Volk verliehen hat, für seine persönlichen Ansprüche. Da Vertreter des Volkes und Führungskräfte dem Volk als Vorbild dienen sollen, schadet dieses Verhalten dem Ansehen der gesamten Führungselite und dem Demokratieverständnis in einem Volk.

Die Gegenseite, das Volk, macht sich mitschuldig, wenn sie dieses Verhalten toleriert und solchen Herrenmenschen nicht die Grenzen ihrer Macht und Begierden aufzeigt und unterbindet.

Wird dieses Verhalten von Menschen mit gleicher Gesinnung als Karriere und Erfolg verbreitet, dann hat die Demokratie die Mitte des Gegensatzes von Macht und Ohnmacht, aus der sich die Intelligenz und die Seele entwickelt, keine Chance, sich zu entfalten.

Herrscher

Davon auszugehen, dass die Natur schon von Geburt an Alphatiere oder Herrscher wie Könige und Führer bestimmt, ist nicht nachzuweisen und einfach so nicht hinnehmbar. Wie sich Menschen entwickeln und sich aufführen, bestimmen die Einflüsse und die Erziehung der Eltern von Geburt an und die Gesellschaft das Volk, in dem ein Mensch aufwächst und wie er gefördert wird.

Wird ein Kind in den ersten Lebensjahren und danach ständig verwöhnt, mit Geschenken überhäuft und es werden dem Kind keine Grenzen aufgezeigt, dann spürt es bereits eine gewisse Macht und probiert, diese Macht gegenüber seiner Umwelt einzusetzen. Kann dann das Kind sich auf Dauer durchsetzen, da die Umwelt es gestattet oder sogar fördert, wird sein Wille gestärkt und es entwickelt sich zu einem Tyrannen und Herrscher, der dann seinen Mitmenschen befehlen und bestimmen will, was sie zu tun haben.

Einen Herrscher bestimmt demnach die Gesellschaft durch ihr Verhalten diesen Menschen gegenüber. Gibt die Gesellschaft diesen verwöhnten und zur Herrschsucht erzogenen Menschen nicht die Möglichkeit, sich durchzusetzen und zeigt ihnen Grenzen auf, können diese Menschen sehr leicht in die Kriminalität abrutschen und im Gefängnis landen.

Die Kinder, die nicht verwöhnt wurden, haben durch die Erziehung der Eltern frühzeitig erfahren, dass man in einer demokratischen Gesellschaft alles erarbeiten muss, was man sich im Leben wünscht und benötigt und einem im Leben nichts geschenkt wird.

Sie haben den Schlüssel, der die Seele öffnet, bereits in der Hand und die Verbindung zum Jenseits erkannt. Diese Kinder und späteren Erwachsenen verstehen dann auch, was Demokratie bedeutet und warum sie so wichtig für das Zusammenleben der Menschheit ist.

Ordnung

Die Neutralität der Gegensätze hat durch Bewegung das Universum geordnet und entwickelt. Da es am Anfang im Universum weder unten noch oben, vorne und hinten, sowie rechts und links, also keine Bestimmung der Richtungen gab, hat sich mit Hilfe der Neutralität durch die Gegensätze eine Intelligenz gebildet, die aus der Mitte die Richtungen bestimmt und so die Realität gebildet hat.

Die Ordnung bildet sich aus der Mitte der Gegensätze durch die Einhaltung von Neutralität und Disziplin. Ohne die genaue Einhaltung der Ordnung, die durch Gesetze bestimmt wird, kann nichts entstehen, sich weder aufbauen noch entwickeln. Die Gesetze bilden die Ordnung und sie sind auch die Grundlage für das Zusammenleben der Menschen.

Nur wenn Menschen von klein auf an an Ordnung und Disziplin gewöhnt werden, sind sie auch als Erwachsene fähig, die Gesetze zu verstehen, zu achten und sie einzuhalten.

Wenn eine Gesellschaft glaubt, dass jedes Kind und jeder Jugendliche sich nach seinen Talenten und Befindlichkeiten ohne Rücksicht auf die Gesetze der Gemeinschaft und ihre Ordnung entwickeln muss und auf die strikte Einhaltung der Ordnung verzichtet werden kann, dann breiten sich Egoismus und Willkür aus, was zu Ungerechtigkeiten und Kriminalität führt.

Sind zum Beispiel zwei oder drei Schüler in einer Schulklasse undiszipliniert und kennen keine Ordnung, dann stören sie nicht nur den Unterricht, sondern beeinflussen auch negativ den Lernerfolg der gesamten Schulklasse.

Dies kann andere Schüler imponieren und verleiten mitzumachen, sodass ein geregelter Unterricht in dieser Schulklasse kaum noch möglich wird. Da ist dann konsequentes Handeln der Lehrer nötig. Sie müssen die Störenfriede unter Kontrolle bringen, sonst geht der Respekt und die Achtung verloren und der Lehrer kann seinen Auftrag nicht mehr erfüllen.

So verhält es sich auch in einem Volk und mit dem Verhalten und dem Umgang unter den Völkern. Es muss eine absolut neutrale Mitte gebildet werden. In einem Volk ist das die Regierung und die Völker auf dieser Erde benötigen eine Weltregierung. Jedes Volk stellt nach seiner prozentualen Zahl der Bevölkerung Abgesandte, aus denen dann die Personen für die Weltregierung ausgelost werden. Die Weltregierung bestimmt dann durch neutrale Gesetze die Ordnung und sorgt für die Einhaltung. Sie ist verpflichtet, die Einhaltung der Ordnung für alle Staaten zu gewährleisten und durchzusetzen.

Zuerst aber muss jedes Volk nach dem Vorbild der Demokratie seine eigene Ordnung herstellen. Die Werte aus den Gegensätzen zeigen uns den Weg. Wenn wir diesen Weg in die Zukunft beschreiten, dann hat auch die Menschheit auf lange Sicht eine Zukunft, die sie nicht verspielen sollte.

Auf Ordnung und Disziplin wird in den heutigen Gesellschaften zu wenig Wert gelegt. Es ist schade, dass die Regierungen zu wenig Wert auf Ordnung und Disziplin legen, denn sie sind die Voraussetzung für die Erhaltung und Entwicklung des Universums und dienen der Menschheit als Vorbild.

Visionen

Den Menschen vorzugaukeln, dass die Aufwertung einzelner Personen durch Geld, Luxus und Macht die erstrebenswerten Ziele im Leben sind, verursacht Unfrieden, Kriminalität und Hass. Das sind alles bösartige Entartungen der Gegensätze.

Der Mensch benötigt nur so viel Geld, das es ausreicht, um ein menschenwürdiges Leben zu führen. Das beinhaltet, dass er gesund bleibt und im Einklang mit dem Volk sein Leben gestalten kann. Luxus ist nicht nötig, denn er verleitet die Menschen zur Bequemlichkeit und mit ihrem Luxus zu protzen, den sie selbst nicht erarbeitet haben.

Neue Ideen sind gefragt, die Visionen aufzeigen und neue Gegensätze bilden, die dann den Menschen als Orientierung dienen, um das Ziel des Lebens, die Seele dem Zufall näher zu bringen, zu verwirklichen. Auf Luxus und Macht zu verzichten und die Vielfalt zu erhalten, ist die Lösung, dann eröffnen sich immer wieder neue Möglichkeiten, die das Leben der Menschen lebenswerter gestalten können.

Die Ideen jedes einzelnen Menschen sind hilfreich und willkommen, aber sie müssen überprüft werden, ob sie auch der Allgemeinheit dienen sowie nützen und nicht der Gier nach Geld und Macht entspringen und den Egoismus verbreiten.

Entartete Gegensätze

Entartet eine Seite der Gegensätze kurzzeitig, so ist das noch kein Beinbruch, solange die Mitte die Kontrolle behält und die Neutralität einhält. Kurzzeitige Entartungen sind die Spitze des Möglichen nach der einen oder anderen Seite. Sie sind die Fühler der Gegensätze und helfen der Mitte, die Grenzen beider Seiten zu erkennen, um den gemeinsamen Nenner, der den Zusammenhalt eines Gegensatzes bestimmt, zu bilden.

Entartet eine Seite des Gegensatzes aber dauerhaft und verselbstständigt sich, wird sie bösartig und gibt dem Gegensatz keinen Wert. Die Mitte verliert die Kontrolle und kann die andere Seite des Gegensatzes nicht mehr erkennen.

Aus schwarz und weiß zum Beispiel bildet die Mitte grau, was neutral gesehen null bedeutet. Gibt es weiß nicht, dann existiert auch schwarz nicht. Wenn die Mitte nur noch schwarz sieht und weiß nicht mehr erkennt, dann wird schwarz dauerhaft und nach einiger Zeit wird auch schwarz nicht mehr wahrgenommen und es herrscht die Dunkelheit.

Grau, die Mitte, das schwarz und weiß bestimmt, ist blind geworden und kann dann nichts mehr erkennen. Die Mitte hat nichts mehr zum Vergleichen und kann dann nichts mehr bilden noch entwickeln.

Dann kann sich keine Intelligenz entwickeln und die Neutralität, die das Gewissen mit sich führt, hat keine Chance, aus den Gegensätzen die Seele zu bilden. Die schwarze Seite ist dauerhaft entartet und hat den Gegensatz entwertet und damit wird die Verbindung zum Zufall unterbrochen.

Wenn eine Lebensform wie der Mensch die Seele vernachlässigt und das goldene Kalb als Lebensinhalt vergöttert und feiert, dann wird sie für die Evolution bedeutungslos und verschwindet wie vor tausenden von Jahren die Dinosaurier. Eine andere Lebensform, die aus den Gegensätzen die Neutralität einhält und die Seele bildet und danach lebt, wird dann den Platz einnehmen.

Verbindung

Den unendlichen Weltraum mit seinen Sternen und Geheimnissen zu verbinden und damit unter Kontrolle zu halten, scheint aus unserer Sicht unmöglich. Das System der Gegensätze stellt die Verbindung her und macht es möglich. Ähnlich wie eine Kettenreaktion reiht sich Glied für Glied, den Gegensätzen entsprechend, zusammen.

Alle bisher gebildeten und entstehenden Gegensätze sind dadurch miteinander verbunden. Die Verbindung stellt die Mitte der Gegensätze her, in der sich die Seele aus der Vielfalt des Lebens bildet. Die Gedanken, der Verstand und das Bewusstsein bilden aus den Gegensätzen die Intelligenz.

Aus dem Gewissen, den Gefühlen und aus den aus der Neutralität gezogenen Schlussfolgerungen, die alle zusammen die Handlungsweise und die Ausführung bestimmen, bildet sich die Seele. Die Seele schließt die Verbindung zum Zufall und so schließt sich der Kreislauf der Schöpfung. Der Zufall, man kann auch sagen Gott, ist so mit seiner Schöpfung verbunden und damit in der Lage, die Evolution der Schöpfung zu überwachen und zu kontrollieren und damit zu erhalten.

Wir Menschen sind ebenfalls bestrebt, mit unseren Familien und Freunden in Verbindung zu bleiben. Um bei größeren Entfernungen in Verbindung zu bleiben, geschah das akustisch durch die Trommel und ersichtlich durch Feuer und Rauchsignale. Dann wurde das Telefon erfunden und mit Funk und Fernsehen ausgebaut und erweitert. Heute gibt es das Handy, die Computer und riesige Datenspeicher, um die Verbindung aufrechtzuhalten.

Die Regierungen nützen diese Technik, um das Volk zu kontrollieren und zum Zweck der Spionage. Auch die Wirtschaft setzt diese Technik vielseitig ein, so auch für die Werbung ihrer Produkte.

Diese Technik macht es aber auch der anderen Seite des Gegensatzes, dem einzelnen Menschen, möglich, Lügen und Manipulationen im Volk aufzudecken. So können einzelne bösartige Entartungen entlarvt werden, aber die ganze Wahrheit kommt nicht ans Tageslicht, weil die Technik der Menschheit keine Seele bildet, denn ihr fehlt das Gewissen. Das Gewissen ist sozusagen der Filter, der die Lügen, Manipulationen und Betrügereien auslöscht, sodass die reine Wahrheit erkannt werden kann.

Die Zeit

Wir leben in einer Zeit der Beschleunigung. Je mehr Menschen auf der Welt leben, umso enger wird der Lebensraum und desto schneller muss man sein, um seine Bedürfnisse, die zum Leben nötig sind, durch Arbeit und Leistung zu erarbeiten.

Durch die Gier nach immer mehr Geld, Güter und Luxus von einer immer größer werdenden Anzahl von Menschen wird die Mehrheit angetrieben, immer schneller zu werden, um das alles zu ermöglichen. Der Einsatz von Technik in allen Bereichen macht es möglich, all diese Befindlichkeiten zu befriedigen. Der Preis, der dafür zu zahlen ist, heißt Stress.

Alle nehmen das hin und keiner macht sich Gedanken, ob nicht eine intelligentere Lösung möglich ist. Vergleicht man den Gegensatz langsam und schnell dann erkennt man, dass von der Mitte die Zeit als auch die Geschwindigkeit neutral von Null aus bestimmt werden muss.

Der Rhythmus der Menschen wird durch den starken Bevölkerungszuwachs, die Grundbedürfnisse zum Leben und die Gier der Menschen nach Geld und Macht und unbeschreiblichen Luxus gesteuert. Die Natur im Universum hat ihren eigenen Rhythmus, dem sich der Mensch anpassen sollte. Wie langsam oder schnell die Menschheit sein will oder muss, entscheidet der Druck, den die Mächtigen in der Gesellschaft auf die Menschen ausüben.

Dazu kommt der Zuwachs der Bevölkerung, besonders in den Ballungsgebieten, den Großstädten. Die Gier nach Geld und Macht treibt eine immer größere Anzahl von Menschen an, in möglichst kurzer Zeit immer mehr Geld anzuhäufen, um ihre Macht zu stärken und damit an Einfluss zu gewinnen. Die Gier ist die einseitige, bösartige Ausuferung des Gegensatzes viel und wenig, in Richtung viel. Aus diesem Grund wird die andere Seite von schnell, die langsame Seite nicht mehr wahrgenommen.

Das kann man mit dem Körper eines Menschen in Verbindung bringen und Vergleiche anstellen. Wer auf Dauer seine Kräfte verausgabt, wird krank. Wird durch Stress das Herz eines Menschen zu sehr beschleunigt, dann fängt es an zu rasen und wird dann nichts dagegen unternommen und artet das zum Dauerzustand aus, dann kann das früher oder später zu einem Herzstillstand führen.

Es gibt im Leben Zeiten, da muss man schnell sein, um sein Leben zu erhalten und Zeiten, da ist es lebensnotwendig, langsamer zu werden, um die Entartungen des Lebens zu erkennen und zu bestehen. Das Gewissen, die Intelligenz und die Seele helfen uns, das Jetzt und die Zukunft zu bewältigen.

Die Seele

Der Traum der Menschheit, das Weltall mit bemannten Raumschiffen zu erobern, ist unrealistisch. Die Aufgabe der Menschen auf diesem Planeten ist, die Neutralität zu bewahren und die Seele zu erweitern, um so auf das Jenseits vorbereitet zu sein. Dann steht ihnen das Universum offen und ein erweitertes Bewusstsein und das Gewissen werden die Zusammenhänge und die Geheimnisse im Weltall offenbaren, sodass die Seele neue Aufgaben erfüllen kann, um dem Kreislauf der Natur zu dienen.

Durch die Neugestaltung der Materie durch Energie kann die Seele bei der Evolution mitwirken, um in Verbindung mit dem Geist der Entstehung, dem Zufall, ewiges Leben zu erlangen. So hat jede Seele, egal welcher Lebensform, die gleiche Chance, dieses Ziel zu erreichen. Dadurch ist die gesamte Schöpfung aus Wahrheit und Licht durch das System der Gegensätze mit dem Zufall verbunden und wird durch die Evolution der Materie erhalten und neu aufbereitet.

Aus den Gegensätzen bilden sich die Gedanken und durch erkennen und vergleichen erfolgt die Logik und daraus das Bewusstsein, was dann die Intelligenz bildet, die uns befähigt, die Materie zu gestalten.

Das Gewissen hilft durch die Neutralität, aus den Gefühlen die richtigen Schlüsse zu ziehen, sodass aus allen neutralen Gegensätzen die Seele gebildet wird. Die Seele wird aus der Neutralität der Gegensätze ermittelt und hält die Verbindung zum Zufall aufrecht, um an der Evolution der Schöpfung mitzuwirken.

Daraus ergibt sich die Schlussfolgerung: Materie zu Materie und Energie zu Energie, sodass die Seele durch

Energie die Materie immer wieder neu gestaltet und sich
so der Kreislauf der Natur erklärt, wonach nichts verloren geht.

Es wird immer Menschen geben, denen die Wahrheit egal ist und für die nur der Profit zählt. Sie können
durch böse Entartungen, die das Leben mit sich bringt,
ihr Gewissen nicht mehr wahrnehmen und schaffen sich
ihre eigene Welt, aber spätestens an ihrem Lebensende
holt sie die wahre Realität ein. Dann bleibt ihnen nichts
mehr, da ihnen die Wahrheit nichts bedeutet hat und die
Seele ein Fremdwort war. Die Seele schwindet und ihr
Bewusstsein ebenfalls.

Der Ausgleich

Aus dem Gegensatz geben und nehmen eröffnet sich in der Mitte die Einsicht und der Ausgleich. Die Natur gibt das Leben und nimmt es wieder. Auch der Mensch ist davon betroffen und sollte sein Leben danach ausrichten und sich darauf vorbereiten. Der Ausgleich ermittelt sich aus dem System der Gegensätze, das ist wieder der gemeinsame Nenner und aus der Einsicht danach zu leben.

Die Natur gibt das Leben, damit alle Lebewesen die Möglichkeit haben, sich körperlich und geistig weiterzuentwickeln, sie Freude am Leben haben und durch die Seele den Kreislauf der Evolution antreiben. So kann auch der Mensch durch geben und nehmen sein Leben bereichern, wenn er einsichtig ist und den Ausgleich erkennt und neutral praktiziert.

Ein Beispiel: Lässt ein Arbeitgeber andere Menschen für sich arbeiten, dann ist er verpflichtet ihnen einen der Arbeit entsprechenden Lohn zu zahlen. Tut er das nicht, dann hat die andere Seite das Recht, sich zu wehren und die Arbeit zu verweigern.

Arbeiten andererseits Menschen für einen Arbeitgeber und nehmen einen der Arbeit angemessenen Lohn an, dann sind sie ebenfalls verpflichtet, die dem Lohn entsprechende Arbeit zu leisten. Ansonsten ist der Arbeitgeber berechtigt, ihre Arbeit nicht mehr in Anspruch zu nehmen. Kommen beide Seiten zu der Einsicht und richten ihr Arbeitsleben danach aus, dann sind beide zufrieden und der Wahrheit ein Stück näher gekommen.

Nimmt der Mensch zur Beschaffung seiner Nahrung anderen Lebewesen, die nur ein Unterbewusstsein entwickelt haben, das Leben, so darf er sie nicht ausrotten und ist verpflichtet, ihnen Zeit zu geben, damit sich ihr Bestand wieder erholen kann. Züchtet der Mensch für seine Nahrung andere Lebewesen, dann muss er diese Lebewesen artgerecht halten und ihnen Zeit geben, damit sie sich gesund entwickeln können, sonst schadet er sich selbst.

So sollte jeder Mensch zu der Einsicht kommen, dass, wenn er sich etwas nimmt oder annimmt, er auch verpflichtet ist, für einen Ausgleich zu sorgen. Die Natur dient uns als Vorbild, sie gibt und nimmt das Leben, aber das Leben ist nicht umsonst. Geben und nehmen bestimmt das Leben und am Ende sollten Einsicht und Ausgleich die Seele erfreuen.

Zusammenhänge

Der Mensch beobachtet und studiert seine Umwelt. Die Tiere und Pflanzen und ihre unterschiedlichen Lebensräume auf der Erde als auch unter der Erde und im Wasser sowie über der Erde und in der Luft. Die Weltmeere und ihre Bewohner genauso wie das Wettergeschehen und die Bewegungen im Weltall.

Er hat erkannt, dass alles irgendwie miteinander in Verbindung steht und zusammenhängt. Eine Lebensart braucht die andere, um zu existieren und es hat sich jede Lebensart ihren Lebensraum erobert und den Umweltbedingungen angepasst. Die gemeinsame Basis ist die Nahrung, bestehend aus Materie, die alle Lebewesen benötigen.

So bildet der Gegensatz fressen und gefressen werden durch Neutralität und Vielfalt die Intelligenz. Um Intelligenz zu bilden, kennt die Natur kein Mitleid. Für sie zählen nur die Werte, die aus der Mitte der Gegensätze gewonnen werden, denn sie erhalten den Kreislauf des Lebens aufrecht, der sich durch die Evolution immer wieder erneuert.

Der Mensch als das intelligenteste Lebewesen auf diesem Planeten hat die Pflicht, das Gleichgewicht der Natur auf dieser Erde zu erhalten. Statt dieser Pflicht nachzukommen, hat der Mensch sich selbst unkontrolliert vermehrt. Er hat den Gegensatz wenig und viel dauerhaft entartet und die Seite viel hat die Oberhand gewonnen und zerstört die Vielfalt auf der Welt.

Der Mensch hat sich zum absoluten Herrscher, zum Gott über Leben und Tod auf dieser Welt erhoben. Damit überschreitet er alle Grenzen und missachtet die Neutralität der Gegensätze. Die Menschheit kommt aus ihrem selbst produzierten Dilemma nicht heraus, sich dauernd unkontrolliert zu vermehren, sodass sie sich durch Kriege wieder reduzieren muss, wenn der Lebensraum zu eng wird und die Nahrung sowie die Rohstoffe knapp werden.

Jedes Volk sollte sich nur so weit vermehren, wie der Lebensraum, ihr Land, das verkraftet. So sollten sich die Menschen den Gegebenheiten ihres Landes und ihrer Heimat besser anpassen. Sie sind die Menschen, die ihre Heimat am besten kennen, und wissen, wie viel Menschen ihr Land ernähren kann und benötigt, um die Natur nach dem System der Gegensätze im Gleichgewicht zu halten.

Wenn jedes Volk das berücksichtigen würde, gäbe es weniger Konflikte und Kriege. Leider nimmt die Menschheit ihre Aufgabe und Verantwortung auf dieser Welt nicht ernst genug oder ist durch die bereits erwähnten Süchte nicht fähig, ihr Leben nach den Naturgesetzen auszurichten und damit ihre Aufgabe zu erfüllen.

Die falsch verstandene und so gelobte Globalisierung kann die Probleme auf dieser Welt nicht lösen. Die Völker müssen zuerst die Mitte des Gegensatzes von Macht und Ohnmacht, die Demokratie, in ihren eigenen Ländern erkämpfen und praktizieren.

Wenn das erreicht ist und der gemeinsame Nenner, das Geld, in allen Völkern den gleichen Wert und die gleiche Kaufkraft hat, stimmt das Gleichgewicht und nur dann kann das Miteinander aller Völker gelingen. Die Unterschiede, die Kulturen und die Eigenarten der Völker müssen aber erhalten bleiben, damit die Vielfalt nicht zerstört wird. Nur eine neutral orientierte Demokratie und der gemeinsame Nenner, das Geld, kann ein Volk zusammenhalten und die Völker verbinden.

Sich unkontrolliert und bedenkenlos zu vermehren und auszubreiten, um sich dann durch Kriege abzuschlachten, ist nicht besonders intelligent und entspricht nicht dem Auftrag der Menschheit, durch die Seele die Evolution der Schöpfung zu erneuern.

Völker, die sich dann auch noch als die Guten sehen und andere Völker als die Bösen bezeichnen, haben den Sinn des Lebens nicht verstanden. Denn jede Seite eines Gegensatzes hat den gleichen Wert und ist weder gut noch böse. Es bilden sich aus den Gegensätzen Zusammenhänge und die Seele und daraus die Evolution.

Vergangenheit und Zukunft

Dauerhaft entartete Gegensätze und die daraus erfolgten Handlungen, die bereits begangen wurden, spielen für die Evolution keine Rolle, da sämtliche Gedanken, Gefühle und Ereignisse, die nicht aus der Neutralität der Gegensätze entstehen, keine Seele bilden und sich auflösen, als hätte es sie nie gegeben. Sie verwehen und schmelzen wie Spuren im Schnee.

Es zählt nur das Heute und das Jetzt und aus den momentanen Handlungen eröffnet sich die Zukunft. Dessen sollten wir Menschen uns immer bewusst sein.

Man kann aus der Vergangenheit Schlüsse ziehen, aber sich nicht weiterentwickeln, weil jeder Zeitpunkt eine andere Situation darstellt und die Zukunft sich erst aus dieser Situation dem Jetzt erschließt.

Abhängigkeit

Der Gegensatz abhängig und unabhängig bildet in der Mitte die Balance, die den Ausgleich bewirkt. Wir Menschen sollen den Süchten und Verführungen im Leben widerstehen und nüchtern bleiben, um nicht die Balance zu verlieren, sondern um sie zu halten.

Das Leben besteht aus einer natürlichen und aus einer mit Absicht gesteuerten Abhängigkeit. Die natürliche ist die lebensnotwendige Abhängigkeit, die jeder einzelne Mensch benötigt, um sein Leben zu erhalten und um das Zusammenleben der Menschen und Völker nach dem System der Gegensätze durch das Gewissen und neutrales Verhalten zu ermöglichen.

Die natürliche Abhängigkeit gibt, wie das Wort schon sagt, die Neutralität der Natur vor. Der Mann ist von der Frau abhängig und umgekehrt, und das Kind ist von den Eltern abhängig. Der einzelne Mensch ist von seiner Familie und dem Stamm und der Stamm vom Volk abhängig. Diese Abhängigkeit geht aber nur so weit, wie es sich um Bedürfnisse handelt, die zum Erhalt des Lebens notwendig und von Verantwortung getragen sind.

Alle weiteren Abhängigkeiten werden von Menschen gesteuert und verfolgen bestimmte Ziele. Die gesteuerte Abhängigkeit versucht, Menschen und Tiere in die Abhängigkeit zu treiben. Ihr Vertrauen zu gewinnen, damit sie gefügig werden für die Ausbeutung, sodass man sich dadurch Vorteile verschaffen und bereichern kann.

Die natürliche Abhängigkeit der Menschen dagegen fängt bereits bei der Geburt an. Sie hängt mit der benötigten Aufnahme der Nahrung zusammen, die das Baby von der Mutter braucht, das ist die Muttermilch, um sein Leben zu erhalten und um zu wachsen und sich zu entwickeln.

Die Eltern versorgen ihre Kinder, bis sie erwachsen und selbstständig sind, mit Nahrung und sie sollten ihnen Sicherheit geben und zeigen, wie man seinen Lebensunterhalt in einem Volk verantwortungsvoll gegenüber seinen Mitmenschen bestreiten kann. Sie sollten ihren Kindern ein Vorbild sein.

Doch die besten Vorbilder haben keine Chance gegen eine Gesellschaft, die nicht nach der Neutralität, die die Mitte der Gegensätze aufzeigt, lebt. Die von Süchten beherrscht wird und dadurch ihre Mitmenschen von sich abhängig macht.

Dann sind bereits die Kinder im Kindergarten und in den Schulen von ihren Betreuern und Lehrern abhängig, wenn diese die Neutralität aus der Mitte der Gegensätze nicht erkennen und einhalten. Das setzt sich bei den Firmen und Ämtern bis zu den höchsten Stellungen und Posten in einem Volk fort.

Die Wirtschaft kann die Regierung durch falsche Versprechungen von sich abhängig machen, wie zum Beispiel durch die Androhung, Arbeitsplätze abzubauen oder neue Arbeitsplätze zu schaffen. Man kann das an den Steuervorteilen und anderen Arten von Zuwendungen ablesen. Dadurch wird die Wirtschaft übermächtig und ist in der Lage, die Löhne der Arbeitnehmer zu drücken.

Damit vernachlässigt die Regierung die gebotene Neutralität gegenüber allen Bürgern in einem Volk. Die Wirtschaft, das ist die Gruppe in einem Volk, die beinahe das gesamte Kapital eines Volkes besitzt. Sie wird immer reicher, weil sie die Möglichkeit hat, das Volk von sich abhängig zu machen. Das hat zur Folge, dass der Regierung und damit dem Volk die Macht aus den Händen rinnt und die Wirtschaft durch das Kapital übermächtig wird und so das Volk aus dem Hinterhalt regieren kann.

Andere in Abhängigkeit zu bringen, ist der Schlüssel, um sich ohne große Anstrengung zu bereichern. Da genügt es schon, wenn ältere Jugendliche und Erwachsene mit Zigaretten und Alkohol sowie Drogen und Rauschgift ein schlechtes Vorbild sind. Sie beeinflussen und animieren damit junge und unreife Menschen, es ihnen gleich zu tun.

Diese wollen dann wie ihre Vorbilder sein, weil sie die Hintergründe der Abhängigkeit nicht verstehen. Zuerst schenkt man ihnen die süchtig machenden Stoffe, um dann, wenn sie abhängig geworden sind, das große Geschäft zu machen.

Ganze Industriezweige verfahren nach einem ähnlichen Muster, um ihre Produkte zu verkaufen. Sie machen Menschen von ihren Produkten durch Preisnachlässe abhängig, um ihren Absatz zu steigern. Die gesteuerte Abhängigkeit wird benützt um die Menschen zu beeinflussen und da scheint jedes Mittel recht zu sein, um diesen Zweck zu erfüllen.

Ein Hochstapler zum Beispiel protzt mit Luxus und verwöhnt seine Opfer meistens Frauen, bis sie ihm hörig sind, um an ihr Geld heranzukommen. Manche steinreiche Menschen verfahren nach dem gleichen System, um genügend Menschen zu beeinflussen und von sich abhängig zu machen.

Arbeitgeber machen ihre Beschäftigten abhängig, indem sie wichtigen Mitarbeitern Betriebsfahrzeuge zur Verfügung stellen, die dann auch für private Zwecke benützt werden dürfen. Sie gewähren ihnen Betriebsrenten, ersetzen das Fahrgeld zum Arbeitsplatz und vieles mehr.

Parteien und Regierungen versuchen ebenfalls, die Bürger von sich abhängig zu machen. Sie begünstigen bestimmte Volksgruppen und machen sie abhängig, um wieder gewählt zu werden.

Künstler wie Sänger und Schauspieler als auch einzelne Sportler und ganze Mannschaften, wie eine Fußballmannschaft, können Menschen mit ihren Leistungen erfreuen und faszinieren, aber auch beeinflussen und abhängig machen. Sie haben durch Training und Ausdauer als auch durch Interesse und Freude an ihrer Arbeit ihre Leistung so gesteigert, dass andere Menschen ihre Fähigkeiten zu sehr bestaunen und abhängig werden.

Dabei geraten die Fähigkeiten und Leistungen der arbeitenden Bevölkerung in Vergessenheit. Sie arbeitet Tag für Tag und Jahr für Jahr für das Wohlergehen und die Existenz der Bevölkerung. Ihre Arbeit und Leistung wird als selbstverständlich hingenommen und nicht genügend bewertet, obwohl sie das Volk am Leben erhalten.

Die Künstler und Prominenten dagegen werden von den Managern und den Medien als Genies und Halbgötter hingestellt und emporgehoben. Viele Menschen werden dadurch zu ihren Anhängern, zu ihren Fans, und damit von ihren Idolen abhängig.

Diese Abhängigkeit führt dazu, dass sie alles kaufen, was von ihren Idolen angeboten wird, und sie sind oftmals nicht mehr in der Lage, ihre finanziellen Möglichkeiten einzuschätzen. Vor allem junge weibliche Fans werden so fanatisch, dass sie vor ihren Idolen in Ohnmacht fallen und ihr Verstand außer Kontrolle gerät.

Man kann ähnliche Ausuferungen auch nach einem Spiel oder Wettbewerb auf der Seite der Sieger und ihrer Fans beobachten und daraus Schlüsse ziehen. Da werden die Pokale der Sieger angebetet wie einst das goldene Kalb, wovon im Alten Testament berichtet wird, und Menschen jeden Alters beteiligen sich daran. Den Anhängern wird bei Länderspielen suggeriert: Wir alle sind die Sieger und die Weltmeister. Die Fans rasten dann total aus und fühlen sich als die Sieger, obwohl sie nur Zuschauer waren.

Die Gegensätze zeigen uns die wahre Realität. Künstler, Unterhalter und Sportler, dazu zählen auch Musikanten,

Orchester und Dirigenten, sie alle haben die Aufgabe, die Bevölkerung mit ihren Künsten zu unterhalten und Freude zu bereiten, damit sich die Menschen von ihren täglichen Verpflichtungen und ihrer harten Arbeit entspannen und erholen können. Menschen so abhängig zu machen, dass sie zu Fanatikern werden und sich dann auch noch durch sie zu bereichern, entwertet den Gegensatz.

Daraus kann man die Schlussfolgerung ziehen, dass einzelne Menschen, aber vor allem Organisationen wie Firmen und Konzerne genauso wie Banken und auch Regierungen die Möglichkeit haben, Massen von Menschen von sich abhängig zu machen.

Es können mächtige Völker andere unterentwickelte Völker von sich abhängig machen, indem sie ihnen Entwicklungshilfe gewähren und Kredite vergeben, um dann ihr Land bedingungslos auszubeuten. Können dann die Völker die erhaltenen Kredite nicht fristgerecht zurückzahlen, werden sie abhängig.

Die natürliche Abhängigkeit dient dem Leben der Menschen, während die gesteuerte Abhängigkeit meistens die Vorteilnahme und Ausbeutung von Menschen und Tieren und der Umwelt als Ziel hat.

Darum ist es wichtig, die Mitte zu erkennen und die Balance zu halten, damit sich die Seele öffnet. Die Mitte bildet die natürliche Abhängigkeit, denn sie ist zeitlich beschränkt und gibt die Unabhängigkeit zurück, damit die Freiheit der eigenen Entscheidungen im Leben nicht beeinflusst wird.

Grundsätzlich ist es ratsam, die Abhängigkeit im Leben nach dem System der Gegensätze auszurichten, um dem Kreislauf der Schöpfung gerecht zu werden.

Geburt und Tod

Der Gegensatz Geburt und Tod und der Gegensatz abhängig und unabhängig beeinflussen unser Leben in ganz besonderer Weise. Das Bewusstsein eines Menschen ist von seinem Leben abhängig und er muss seine Unabhängigkeit erkämpfen, sonst steht sein Leben auf dem Spiel.

Das hört sich merkwürdig an und man muss sich länger damit auseinandersetzen, um es zu verstehen. Das heißt, dass alle Menschen von der Zeugung an von dem Leben ihrer Mutter abhängig sind und später nach der Geburt, wenn sie selbstständig geworden sind, sind sie von ihrem eigenen Leben abhängig. Dann können sie auch, wenn sie nicht ausreichend lernen und aufpassen, ihr Leben verspielen.

Der erste Schritt eines Kindes im Mutterleib in die Unabhängigkeit ist die Geburt. Bei der Geburt erkämpft sich das Kind ein kleines Stück Unabhängigkeit vom Leben der Mutter. Das setzt sich mit zunehmendem Alter Stück für Stück fort, bis der Mensch selbstständig ist.

Dann muss er seinen Lebensunterhalt, was Unabhängigkeit voraussetzt, selbst erarbeiten und in der Gemeinschaft, in der er lebt, sich durch seine Arbeit und Leistung erkämpfen. Der Mensch muss sich dann von seinem bisherigen Leben, das heißt von der Abhängigkeit unabhängig machen, um selbst Entscheidungen treffen zu können.

Das kann er nur in einem Volk, in dem neutrale Gesetze das Zusammenleben bestimmen und die Arbeit und Anstrengung nach Leistung bezahlt wird, was dann zur Unabhängigkeit führt, erreichen. Arbeitet er nicht und strengt sich nicht an, ist Mitleid fehl am Platz und er setzt damit sein Leben aufs Spiel.

Da der Mensch nicht alleine auf der Welt lebt, sondern mit einem Volk verbunden ist, von dem er wieder abhängig ist, muss er seine Unabhängigkeit, soweit die Verbindung das zulässt, sich ebenfalls mit dem ihm zur Verfügung stehenden Mitteln erkämpfen.

Will ein Mensch nicht arbeiten und lässt seinen Lebensunterhalt von seinen Mitmenschen erarbeiten, dann nimmt er diesen Menschen ein Stück Unabhängigkeit und damit einen Teil ihres Lebens weg und missachtet die Neutralität des Zufalls. Entlohnt er sie nicht gerecht nach ihrer Arbeit und Leistung, beutet er sie aus und bereichert sich.

Nach den Gegensätzen hat die ausgebeutete Seite das Recht und sogar die Pflicht, sich zu widersetzen. Passiert das nicht, dann kann das dazu führen, dass am Ende beide Seiten den Sinn des Lebens verspielen.

Der Mensch kann, wenn er sich anstrengt, sein tägliches Brot erarbeiten und sich damit von den gesteuerten Abhängigkeiten unabhängig machen. Er kann so Tag für Tag und Jahr für Jahr sein Leben verlängern, bis der Verschleiß der Materie, das heißt des Körpers, das nicht mehr ermöglicht. Dann stirbt der Körper, aber die Seele lebt weiter.

Der Mensch kann sein Leben verspielen, wenn die Abhängigkeit oder die Unabhängigkeit ihn dauerhaft festhält und er die Balance verliert. Ein kurzes Leben oder ein langes Leben ist keine Garantie für ein erfülltes Leben, es wird nur durch die Bildung der Seele aus den Gegensätzen erreicht.

Wenn die Neutralität in der Mitte nicht eingehalten wurde und die Seele sich nicht entfalten konnte, ist ein langes wie ein kurzes Leben wertlos. Die Neutralität, das Gewissen, ist ein Hauch des Zufalls und verbindet die Seele mit dem Zufall. Nur diese Verbindung ist der Sinn unseres Lebens und lässt das Bewusstsein in neuer Gestaltung der Materie, durch Spannung und Entspannung, und der erzeugten Energie zu und ermöglicht ein Leben nach dem Tod.

Anfang und Ende und damit Geburt und Tod, dem kann sich niemand entziehen. Nur durch das Gewissen und die Bildung der Seele, die der Evolution dient und die Verbindung zum Zufall herstellt, ist ein neuer Anfang möglich.

Um Materie neu aufzubereiten, wird durch Bewegung Energie erzeugt und die Materie durch die Energie, vergleichbar mit dem Urknall, neu gestaltet. Das setzt sich bei der Zeugung von Leben auch bei uns Menschen fort, praktisch durch eine Explosion. Es bilden sich neue Gegensätze und aus viel Übung von Körper und Energie entwickelt sich die Seele.

Um am Leben zu bleiben, benötigen wir zusätzliche Materie, um die Bewegung durch Energie zu erhalten. Die Nahrung, die aus vielseitiger Materie besteht, gibt dem Körper durch den Stoffwechsel Energie und durch diesen andauernden Stoffwechsel unterliegt unser Körper einem ständigen Verschleiß und wir spüren das, wir altern mit den Jahren.

Dieser Prozess setzt sich bis an unser Lebensende fort und führt letztendlich zum Tod. Der Verstorbene wird wieder zu Materie, was für andere Lebewesen Nahrung und Leben bedeutet. Wie heißt es so treffend bei einer Beerdigung: Erde zu Erde, Asche zu Asche und Staub zu Staub; der Körper wird wieder zu Staub, da nur die Seele Bestand hat.

Schicksale

Viele Menschen vertreten die Meinung, dass ihr Leben von einer höheren Stelle oder von Gott vorbestimmt ist und sie nichts daran ändern können. Widerfährt dann den Menschen Böses oder auch Gutes, so heißt es gleich: Das ist Schicksal.

Die Neutralität bestimmt das Gute und das Böse. Diese Menschen wollen die Neutralität nicht anerkennen und drücken sich vor der Verantwortung. Jeder Mensch trägt ganz alleine die Verantwortung für alle begangenen Handlungen in seinem Leben.

Der einfachste Weg, diese Verantwortung von sich zu schieben, ist der, eine höhere Instanz oder Gott damit zu belasten und sich darauf zu berufen. Die Mächtigen reden ihren Völkern ein, dass das Schicksal oder Gott verantwortlich ist für die schlechten Zeiten und die verlorenen Kriege und sie darauf keinen Einfluss haben.

Sind die Zeiten aber gut und die geführten Kriege werden gewonnen, dann sind sie die Sieger und haben das mit der Hilfe Gottes geschafft. Damit wird das Volk beruhigt und gütig gestimmt und sie benützen Gott, um sich zu rühmen.

Dass das Schicksal vorbestimmt ist, ist unrealistisch. Die Zukunft kann man nicht vorbestimmen, denn sie entwickelt sich erst aus dem Jetzt.

Sensationen

Der Mensch ist von der Materie, die er mit Geld bewertet, abhängig und so beherrscht ihn das Geld. Eine nicht unerhebliche Anzahl von Menschen ist bereit, für Geld alles zu tun. Dabei ist ihnen nichts peinlich noch heilig. Sie sind bereit, sich für Geld zum Affen zu machen und sogar ihr Leben zu riskieren, als auch ihre Mitmenschen zu betrügen und zu ermorden.

Auch die Medien werden vom Geld beherrscht. Sie jagen nach besonderen Ereignissen und verstehen es, diese zu verherrlichen oder abzuwerten und den Menschen als Sensationen zu präsentieren.

So werden zum Beispiel die Menschen, die sich nicht in die Gesellschaft einordnen wollten und straffällig geworden sind, als Vorbilder hingestellt, wenn sie in die Gesellschaft zurückgefunden haben. Ihre Opfer dagegen werden nicht mehr beachtet und verschwinden aus dem Bewusstsein und werden von der Gesellschaft nicht mehr wahrgenommen.

Dagegen werden Prominente, die sich zu wichtig nehmen, als Sensationen verkauft, obwohl ihre Leistungen und Honorare sich widersprechen. Es wird übersehen, dass jeder Bürger verpflichtet ist, seinem Volk zu dienen und seine Fähigkeiten auf allen erdenklichen Gebieten zur Verfügung zu stellen.

Die Medien sollen über Menschen berichten, die sich besondere Fähigkeiten angeeignet haben, aber sie dürfen nichts übertreiben noch herunterspielen und müssen durch Neutralität Vertrauen bilden. Sie müssen die Wahrheit herausfinden und sie veröffentlichen, damit das Volk ihnen vertrauen kann. Lügen und Vertuschen zerstören das Vertrauen.

Viele Menschen sind gierig nach Sensationen und bereit, dafür Geld auszugeben, doch die Wahrheit hat Vorrang vor der Sensationslust und der Gier. Die Gier nach Geld wiederum motiviert auch die Medien, die Gier nach Sensationen zu befriedigen.

Dabei werden die vielen Menschen, die ihr Leben im Griff haben, und die Eltern, die ihre Kinder ordentlich erziehen, in einer Gesellschaft nicht wahrgenommen. Diese Menschen haben ebenfalls besondere Talente, aber auch Fähigkeiten erlernt, die ein Volk braucht. Sie sind die Menschen, die dem Volk einen Sinn geben und das Kapital durch ihre Arbeit erarbeiten.

Es sind nicht nur die Prominenten in einem Volk, die arbeiten und sich anstrengen und ein Volk vertreten. Es sind die sogenannten Spießer, die einem Volk die Kraft geben, die es zu seiner Entwicklung benötigt.

Das wird von den Mächtigen, den Prominenten und den Medien als auch der Öffentlichkeit zu wenig anerkannt und wahrgenommen, weil man damit die Geldgier und Sensationslust nicht befriedigen kann. Die Medien gehen davon aus, dass man ohne Sensationen nicht genügend Geld verdienen kann.

Das Geld gibt auch hier den Ausschlag und bestimmt die Regeln, aber auf Kosten von Vertrauen. Wenn man nur die Sensationen, ob sie nun positiv oder negativ sind, hervorhebt, wird die Mitte das normale und somit die Wahrheit und die Kraft, die in der Neutralität steckt, nicht mehr wahrgenommen.

Die gesamte Materie in den unterschiedlichsten Varianten und Zusammensetzungen, wie die Umwelt und alle Lebewesen als auch der Mensch, setzt sich, wie wir bereits wissen, aus Atomen zusammen. Der Mensch bewertet die gesamte Materie mit Geld und so vergöttert der Mensch durch das Geld die Materie und damit sich selbst.

Aber aus dem Etwas der Entstehung, der Materie alleine, wäre niemals die Schöpfung entstanden und auch nicht das Leben und wir Menschen. Durch die Vergötterung der Materie, das Geld, hat der Mensch den ersten Gegensatz der Entstehung entartet und damit das Böse in die Welt geholt.

Es ist jetzt die Zeit gekommen, wo die Menschheit sich entscheiden muss, ob sie den Weg der bösartig gewordenen Entartung weiter beschreiten will, oder sich für den Kreislauf der Natur entscheidet. Davon hängt die Zukunft der Menschheit ab und ob sie bereit ist, den Weg der Neutralität zu beschreiten. Die Materie und Energie durch die Gesetze neutral zu bewerten und danach zu leben. So die Seele zu füllen und den Kreislauf der Evolution und damit die Verbindung zum Zufall zu erhalten.

Religionen

Die religiösen Vereinigungen versprechen den Menschen unterschiedliche Darstellungen vom Himmel und einem Leben nach dem Tod. Aber was bedeutet der Himmel genau?

Da haben die Religionen die verschiedensten Erklärungen und viele Menschen eine andere Ansicht. Für die einen ist Macht und Reichtum der Himmel und das höchste Ziel und damit erstrebenswert, andere dagegen wünschen sich einen Himmel wie im Schlaraffenland zu leben und bedient zu werden.

Angefangen von der Auferstehung und einer besagten Wiedergeburt, von Jungfrauen, die man besitzen kann, bis zur Verherrlichung Gottes, den man eine Ewigkeit loben und preisen muss, gibt es die fantasiereichsten Auslegungen und Versprechungen. Jede Auslegung findet seine Anhänger und Fanatiker.

Es sollte aber jeder Mensch seine eigene Meinung bilden und die verschiedenen Auslegungen durch sein Gewissen auf neutrale Werte überprüfen. Sich die Neutralität im Leben durch das Gewissen bewahren und sich nach den Gegensätzen orientieren. Das System der Entstehung aus den Gegensätzen durch den Zufall kann ihm dabei helfen.

Himmel und Hölle als auch Gott und der Teufel, diese Gegensätze haben die Mächtigen gebildet, um den Menschen Angst einzujagen und um sie so besser beherrschen und kontrollieren zu können. Die Menschen, die sich bereits Gott und den Himmel auf Erden erschaffen haben, als auch die anderen Menschen, die den Teufel und die Hölle erleben, sind verpflichtet, die Neutralität anzustreben und die gemeinsame Basis die Demokratie zu bilden.

Die Religionen sollen die Menschen zu einem Leben, das aus Ordnung und Neutralität die Seele bildet, hinführen, um dem Kreislauf der Natur zu dienen. Alle Religionen beruhen auf Legenden aus der Vergangenheit, aber die Gegenwart ist eine andere. Religionen sollen den Menschen helfen, die Mitte der Gegensätze zu erkennen und die Seele zu bilden.

Körperliche Verunstaltungen wie Beschneidungen und die bewusste Verursachung von Schmerzen, die man Menschen zufügt, haben in einer von Neutralität und von Gott lehrenden Religion nichts zu suchen. Fanatische Rituale als auch die Darbietung von lebenden Opfern sind die bösartig gewordene Seite von einem Gegensatz und bilden keine Werte für die Evolution und das ewige Leben im Jenseits. Körper und Seele beeinflussen sich in einem Leben gegenseitig und darum ist es wichtig, dass der Körper sich wohl fühlt und so die Seele aufblühen kann.

Da die Religionen alle aus der Vergangenheit stammen, sollte man sich darüber Gedanken machen, ob sie der heutigen Zeit, dem jetzigen Denken und Handeln der Menschheit, noch entsprechen. Da die Gier nach Geld und Macht damals wie heute die Religionsvereinigungen ebenso erfasst hatte und noch hat und ihr Verhalten ihrem Religionsinhalt nicht mehr gerecht wird, haben sie an Vertrauen und Glaubwürdigkeit eingebüßt.

Auf der weltlichen wie auf der geistigen Ebene gibt es zu wenig Vorbilder, die den Menschen den Weg zu Gott, zum Zufall, weisen, wonach dann jeder selbst entscheiden kann, ob dieser Weg für ihn in Frage kommt, um sich auf sein Lebensende vorzubereiten.

Darum müssen jetzt neue Wege beschritten werden, die dem Leben der heutigen Menschen entsprechen. Sie sollen die Neutralität der Gegensätze achten und danach leben, das sagt uns unser Gewissen. Die Gegensätze dienen uns als Vorbild und können unser Verhalten ändern, wenn man sie annimmt. Denn sie erhalten die Verbindung durch das Gewissen und der Seele zum Zufall, zu Gott, aufrecht.

Gott ist die Wahrheit und das Licht. Diese Feststellung in einem christlichen Gebet entspricht der Entstehung durch die Gegensätze. Nichts und Etwas war der erste Gegensatz, der durch Bewegung Antimaterie und Materie gebildet hat und er bringt den Zufall zum Vorschein und er verkörpert durch die Materie zugleich Gott.

Gott ist die Wahrheit und das Licht bedeutet, die durch Gott und die Wahrheit erzeugte Energie. So kann man Gott, den Zufall, als den Heiligen Geist, die Wahrheit als die Materie und Antimaterie und die durch beide erzeugte Energie, das Licht, als den Sohn Gottes sehen.

Das erklärt die Dreifaltigkeit Gottes, von der die christliche Religion überzeugt ist. Da der Mensch ebenfalls aus der Dreifaltigkeit Gottes entstanden ist, ist er das Ebenbild Gottes.

Das setzt voraus, dass er auf sein Gewissen hört und die Neutralität, die sich aus der Mitte der Gegensätze ergibt, einhält und sein Leben danach ausrichtet. Daraus die Seele bildet und die Verbindung zum Zufall und damit zu Gott nicht abreißen lässt.

Richtet er sein Leben nicht danach aus, dann kann die Seele sich nicht entfalten und sein Leben war sinnlos und außer Staub zu Staub bleibt nichts mehr übrig. Das sagt aus, dass der Zufall die Materie durch das Licht, die Energie, zum Leben erweckt hat. Und das Leben durch die Bildung der Seele, die sich aus der Neutralität der Gegensätze eröffnet, sich mit dem Geist dem Zufall wieder verbindet. Dieser Kreislauf der Natur bewirkt die Evolution.

Die Dreifaltigkeit des Zufalls der Entstehung und der dreifaltige Gott bedeuten dasselbe, sie unterscheiden sich aber durch eine neutralere Auslegung. Der Gott der Christen erscheint am jüngsten Tag, was das auch immer bedeutet und man sich das nur schwer vorstellen kann, um über die Menschen zu richten.

Die Christen sollen zu Gott beten und ihre Sünden bereuen als auch um Barmherzigkeit bitten, dann ist ihnen vergeben und sie können weiter sündigen. Die Gründung des Christentums liegt bereits über zweitausend Jahre zurück und wurde erst später, nach und nach, schriftlich durch die Bibel verbreitet.

Da es zu dieser Zeit nicht ungewöhnlich war, dass sich der eine oder andere Herrscher als Gott bezeichnet hat und von seinen Untertanen auch als solcher angesehen wurde, ist es nicht verwunderlich, dass Jesus, der sich als Sohn Gottes bezeichnet hat, zum Tode verurteilt und gekreuzigt wurde.

Die damaligen Herrscher duldeten keinen anderen, in ihren Augen mächtigeren Gott neben sich. Was Jesus in jener Zeit wirklich gepredigt hat und was dann nach und nach in der Bibel beschrieben wurde, kann man nach so langer Zeit nicht mehr Wort für Wort genau rekonstruieren und auseinanderhalten.

Man kann aber zu der Schlussfolgerung kommen, dass die Mächtigen, damals wie heute, alle Ereignisse und Entwicklungen zu ihrem Vorteil auslegen. Das betrifft die religiösen als auch die weltlichen Herrscher gleichermaßen. Sie wollen über die Menschen herrschen, sich Denkmäler setzen und benutzen dazu Gott.

Der Zufall aus der Entstehung dagegen bewertet alles neutral nach dem System der Gegensätze. Er muss nicht barmherzig sein und Sünden vergeben. Das überlässt er seiner Schöpfung selbst, darum bedarf es auch nicht einem Jüngsten Gericht.

Der dreifaltige Gott aus dem Zufall ist konsequent und richtet sich nach der Neutralität der Gegensätze. Er hat das System der Gegensätze gebildet und weder beten noch bitten als auch um Vergebung flehen können ihn beeinflussen. Selbst jubeln und lobpreisen ändern nichts daran.

Jedes Bewusstsein der Schöpfung ist durch die Seele mit ihm verbunden und entscheidet selbst durch sein Verhalten im Leben, ob diese Verbindung erhalten bleibt oder verloren geht. Nach dem Motto: Jeder ist seines Glückes Schmied.

Daraus wächst die Erkenntnis, dass sämtliche Paläste, Prachtbauten und Luxusobjekte, dazu zählen auch Tempel, Moscheen sowie Kirchen und dergleichen auf der Welt, für den Zufall, den dreifaltigen Gott, keine Bedeutung haben und ihren Zweck verfehlen. Sie dienen nur der Verherrlichung entarteter, bösartig gewordener Verhaltungsweisen der Menschen auf dieser Welt. Sie wollen ihren Völkern zeigen, wie groß und mächtig sie sind, damit das Volk sich in Ehrfurcht vor ihnen verneigt und ihre Macht anerkennt.

Die Menschen haben sich ihren Gott nach ihren Bedürfnissen und Befindlichkeiten zugeschnitten. Diesen Gott, den die Menschen sich wünschen oder gerne hätten, gibt es aber nicht. Man kann daran glauben, aber dem Kreislauf der Schöpfung dient das nicht, da die Neutralität fehlt.

So wie wir Menschen an unserem Leben hängen und alles tun, um am Leben zu bleiben und versuchen, wieder gesund zu werden, wenn wir erkrankt sind, so setzt sich auch Gott, der Zufall, bestehend aus der Dreifaltigkeit ein, seine Entstehung die Schöpfung zu erhalten und weiterzuentwickeln. Denn die Schöpfung ist auch sein Leben.

Das Alphabet fängt mit A, dem Anfang, an und endet mit Z wie Zufall und der lässt das Ende durch die Bewegung von Materie durch Energie neu gestalten. Damit hält die Energie den Kreislauf der Schöpfung ständig durch einen neuen Anfang in Bewegung. Die Wahrheit und das Licht bestimmen die Evolution der Schöpfung durch die Bildung der Seele.

Theorien

Die Reihenfolge der Zahlen hängt ebenfalls mit der Entstehung durch die Gegensätze zusammen. Ein Gegensatz besteht aus drei Werten und verbindet man die Gegensätze ergibt das 1 2 3–2 3 4–3 4 5 usw. Jetzt kann man erkennen, dass in dieser Reihenfolge die 3 einmal am Ende und dann in der Mitte und beim dritten Gegensatz sich am Anfang befindet.

Daraus ergibt sich der Wechsel von einer Seite zur anderen Seite des Gegensatzes. 0 –1 –2 – jetzt ist die Mitte eine ungerade Zahl und bei 1 –2 –3 ist die Mitte eine gerade Zahl.

0 1 2–1 2 3–2 3 4–3 4 5–4 5 6–5 6 7–6 7 8–7 8 9. 1 2 3 4 5 6 7 8. Die Mitte wechselt ebenfalls und sie bestimmt die Reihenfolge der Zahlen und verbindet die Gegensätze.

Das sagt, dass die Mitte sich aus beiden Seiten eines Gegensatzes bildet und ihn durch die Einhaltung der Neutralität zusammenhält. Jetzt kann man verstehen, dass die Neutralität die Voraussetzung für die Gesetzgebung sein muss. Und dann begreift man auch, dass beide Seiten gleichwertig sind und erhalten werden müssen.

So ist es möglich, ohne Voreingenommenheit für beide Seiten der Gegensätze eine Basis zu erkennen und den gemeinsamen Nenner zu bilden, der ein Volk zusammenhält und die Völker verbinden kann. Das ist die Neutralität, die auch die Evolution bewirkt.

Denkt man theoretisch weiter, kann man nicht ausschließen, dass außer unserem Weltall noch viele, also noch mehr Welträume existieren und damit unser Weltall sich als ein Lebewesen entpuppen könnte. Dann wäre es auch möglich, dass der Kern, der den Urknall erzeugt hat, der Samen eines anderen Weltalls beziehungsweise eines männlichen Lebewesens war, der unser Weltall befruchtet hat.

Die Menschen wären dann die Viren oder Bakterien, wie in unserem Körper auch, die nötig sind, um unseren Körper gesund und am Leben zu erhalten. Diese Lebewesen können aber auch, wie wir wissen, ausarten und resistent und damit bösartig werden, wenn sie sich zu stark vermehren und ausbreiten. Dann können sie, obwohl sie so klein sind, dass man sie mit dem bloßen Auge nicht sieht, das größte Lebewesen zerstören.

Das aber sind nur Theorien, die die Entstehung durch die Dreifaltigkeit und das System der Gegensätze, nicht in Frage stellen. Aus heutiger Sicht überschauen und kennen wir unser Universum zu wenig, um diese Theorie zu bestätigen und deshalb sollten wir von dem ausgehen, was wir erforscht haben und wissen. Darum dürfen wir Menschen unseren wunderschönen Lebensraum, die Erde, nicht zerstören, sondern müssen mit ihrer Materie sparsam und sorgsam umgehen.

Schlussfolgerungen

Immer mehr Menschen aus allen Bereichen, von der Politik angefangen über die Wirtschaft und Kunst bis hin zum Sport, wollen zu den Gewinnern zählen und benützen die Masse, das Volk, um sich aufzuwerten. Einige aber überschreiten dabei alle Grenzen. Diese Sieger entarten die Gegensätze dauerhaft. Denn die Sieger bestimmen überall auf der Erde durch das Geld, das sie den Massen auf irgendwelche Art und Weise auch immer entlocken, über das Volk.

Sie haben die Macht über den Einsatz der neuesten Technik und der effektivsten Waffen auf der Welt und beeinflussen und regieren dadurch die Völker. Sie haben sozusagen die Macht in den Händen. Sie drehen an den Schrauben der Politik, sodass die große Masse sich ihrem Willen fügen muss.

Den Siegern, einer überschaubaren Gruppe von Menschen, wird so ermöglicht, die Völker nach ihren Befindlichkeiten und Vorstellungen zu beherrschen. Sie reden von Demokratie und verstehen darunter, dass die Masse, das Volk, sich so zu verhalten hat, wie es ihnen beliebt, dass sie daraus Profit schlagen können und somit als die Sieger über die Welt herrschen.

Das Volk muss sich von den Siegern befreien, indem es die Gewinner nicht in den Himmel hebt, ihnen nicht Vorteile gewährt und sie nicht begünstigt. Die Verlierer und ihre Leistungen müssen ebenso geschätzt werden, da sie nach den Gegensätzen die gleiche Chance haben, beim nächsten Mal auf der Seite der Gewinner zu stehen.

Der Kreislauf der Natur besteht aus dem Leben und dem Tod und den natürlichen Nahrungsquellen. Diese

Nahrungsquellen haben der Menschheit Tausende von Jahren das Leben ermöglicht. Die Menschen haben sich angestrengt und durch Intelligenz und harte Arbeit, wie Fischfang und Jagd als auch Ackerbau und Viehzucht, ihr Leben erhalten.

So haben sie die fruchtbaren Gebiete auf dieser Erde besiedelt und danach ihr Leben gestaltet. Um diese fruchtbaren Gebiete kam es dann unter den Volksstämmen zu den ersten Auseinandersetzungen.

Den Volksstämmen, die ausreichend Nahrung hatten, blieb dann mehr Zeit, sich mit der Herstellung von Behausungen, Geräten und Waffen zu befassen, die das Leben leichter und sicherer gemacht haben. Das Material bestand in den Anfängen noch aus Holz und Stein und hat sich dann auf sämtliche Rohstoffe, die zu der jeweiligen Zeit erreichbar waren, erweitert. Der Menschheit gelang es dadurch, sich als Gewinner unter allen Lebensarten auf der Erde zu behaupten.

Durch den Fortschritt der Technik und die damit verbundene Herstellung von immer mehr und immer größeren Maschinen, wie Schiffe und Fahrzeuge aller Art sowie Flugzeuge und schreckliche Kriegswaffen, ist die Menschheit nach dem System der Gegensätze einseitig entartet und bösartig geworden.

Die Gewinnerseite hat sich zum Sieger erhoben.

Die Sieger bestimmen über Leben und Tod sämtlicher Lebensarten einschließlich ihrer Mitmenschen auf diesem Planeten und missachten die Neutralität. Das entspricht nicht der Verantwortung, die die Menschheit gegenüber den anderen Lebensarten und seinen Mitmenschen zu tragen hat.

Eine immer größer werdende Anzahl von Siegern beutet die Erde und ihre Mitmenschen aus, um in Luxus zu leben und sich als Sieger zu behaupten.

Es werden Produkte hergestellt, die kein Mensch zum Leben und für seine Entwicklung benötigt, und Handlungen getätigt, die absolut keinen Sinn ergeben. Dadurch wird viel Materie und Energie verschwendet.

Ein Teil der Menschheit wird immer anspruchsvoller und ist mit nichts mehr zufrieden, während dagegen der andere, der größere Teil der Menschen, diese Ansprüche befriedigen muss, um zu überleben. Es ist nicht die Vernunft, sondern die Gier nach Geld und Macht, die Menschen zu Siegern antreibt. Sie sägen an dem Ast, auf dem sie selbst sitzen.

Der Gegensatz Gewinner und Verlierer hat seine Berechtigung und muss erhalten bleiben. Da die eine Seite von der anderen Seite abhängig ist und die Gegensätze alles miteinander verbinden und zusammenhalten, ist für die Sieger kein Platz da. Denn wenn andererseits der Gegensatz Gewinner und Verlierer sich auf die Seite der Verlierer dauerhaft verlagert, dann verblassen die Gewinner und der Gegensatz wird ebenfalls entwertet.

Die Aufgabe besteht darin, den Wechsel von einer Seite zur anderen Seite zu üben, sodass der Wille zur Neutralität gestärkt wird, denn ohne Übung kann nichts gelingen und sich die Seele nicht bilden.

Der Gegensatz soll den oder die Verlierer anspornen sich anzustrengen, um auch einmal zu den Gewinnern zu zählen, um die Neutralität der Mitte zu verstehen und so dem Ziel des Lebens näher zu kommen. Die Gewinner wiederum sollen von ihrem hohen Ross hinuntersteigen, damit ihnen bewusst wird, dass sie das nächste Mal auch zu den Verlierern gehören können, denn der Wechsel bestätigt das System.

So lernen sie auch als Verlierer zu bestehen und dass durch Arbeit und Leistung ein erfülltes Leben möglich wird, das den Gegensätzen entspricht. Auf das Zusammenleben in einem Volk bezogen heißt das, dass die Gewinner und die Verlierer, also beide, sich anstrengen müssen, eine neutrale Regierung zu bilden und die Bewerber für diese Posten bestimmen, denn jeder Mensch ist austauschbar und zu ersetzen.

Die Großmächte auf dieser Welt können oder wollen die gemeinsame Basis, die Demokratie, nicht ausbauen und den gemeinsamen Nenner, das Geld, das die Materie bewertet, nicht vereinheitlichen und der Arbeit und Leistung der Menschen überall anpassen.

Sie werden sich nicht einig, schieben sich die Schuld gegenseitig zu und sind nicht im Stande, eine neutrale Mitte zu bilden und anzuerkennen. In anderen Völkern sind Bürgerkriege ausgebrochen, weil die Großmächte durch Waffenlieferungen und Geld die Völker spalten und damit Kriege anstacheln, um ihre Interessen durchzusetzen.

Wer oder was soll die Menschheit zur Vernunft bringen? Echte Demokratie bildet Vertrauen und nur durch den gemeinsamen Nenner, das Geld, wenn die Arbeit überall gleich bewertet wird, kehrt die Vernunft ein. Das bedeutet, wenn alle auf gleicher Augenhöhe bereit sind, nach dem System der Gegensätze die Probleme zu lösen, ist das möglich. Das gibt dann allen Menschen Kraft, Freude und Mut zum Leben und verhindert Gewalt und Kriege.

Der dreifaltige Gott bildet eine Einheit und der Zufall aus den Gegensätzen ebenfalls, sie sind ein und dasselbe, sie sind die Wahrheit und das Licht. Das System der Gegensätze setzt sich aus drei unterschiedlichen Begriffen zusammen.

Ein Beispiel: Der Gegensatz rechte Seite und linke Seite und die Mitte, sie bilden eine Einheit. Gibt es die rechte Seite nicht, dann kann es auch die linke Seite ebenfalls nicht geben. Die genaue Mitte bestimmt, wo rechts und links ist.

Je mehr die Mitte nach rechts rückt, umso schwächer wird die linke Seite, bis sie am Ende nicht mehr zu erkennen oder zu sehen ist. Dasselbe passiert mit der rechten Seite, wenn die Mitte sich zu weit nach links verlagert.

Die Mitte darf sich demnach weder von der rechten Seite noch von der linken Seite beeinflussen lassen. Sie muss die absolute Mitte einhalten, wenn das System der Gegensätze funktionieren soll. Sie muss die Neutralität gegenüber beiden Seiten einhalten und darf keine der beiden Seiten fördern noch bevorzugen.

Die Regierungen der einen sowie der anderen Seite sind verpflichtet, die Neutralität in der Mitte zu bilden und zu gewährleisten, um Gewalt zu verhindern. Das sind die Gesetze, die den Egoismus der einen und die Gutmütigkeit der anderen Menschen regeln sollen.

Bezogen auf das Zusammenleben der Menschen, sind das Kapital, die Materie und die Arbeit der Menschen, die Energie, verbunden durch die Seele, eine Einheit. Die im Gewissen verborgene Neutralität sollte das Denken und Handeln der Menschen bestimmen.

Wie der Körper und die Seele dem Mensch erlauben, sein Leben zu erhalten und zu meistern, so sollte auch eine Regierung durch neutrale Gesetze das Kapital und die Arbeit der Menschen in einem Volk nach dem Vorbild der Natur erhalten und entwickeln.

Soweit man in der Geschichte zurückdenken kann, führte der Mensch, vielmehr führten Volksstämme und Völker Kriege gegeneinander. In der Frühgeschichte ging es um das reine Überleben. Dann spielte der Zuwachs der Bevölkerung eine große Rolle und die damit verbundenen Kämpfe um die Erweiterung der Lebensräume. Es entstanden mächtige Reiche und mit ihnen die Herrscher wie Könige, Kaiser und Diktatoren.

Die Völker haben ihnen die Macht überlassen und sie haben durch Vererbung an ihre Nachkommen die Macht gefestigt oder an andere Herrscher verloren. Die Herrscher gründeten einen Clan von Adeligen und machten so das Volk von sich abhängig.

Das ermöglichte ihnen ein Leben in Luxus und sie ließen sich Denkmäler setzen, die man heute noch überall auf der Welt besichtigen kann. Alles auf Kosten des Volkes, denn mit dem Geld, das man sich nicht selbst erarbeiten muss, lässt es sich leicht leben und es verleitet zur Verschwendung.

Daran hat sich bis heute nicht viel geändert, obwohl durch Revolutionen die Könige und Kaiser von ihren Völkern weitgehend entmachtet wurden. Es haben dann andere Herrscher den Platz gefüllt, die ebenfalls von den gleichen Süchten wie die Gier nach Reichtum, Geld und Macht angesteckt wurden.

Sie führen weiter Kriege gegen andere Völker, um ihre Gier zu befriedigen und ihre fragwürdigen Geschäfte auf der ganzen Welt auszubreiten. Da sie die Macht besitzen, finden sie immer wieder Wege, sich ihrer Verantwortung zu entziehen.

Verliert zum Beispiel das Volk einen Krieg, den sie angestachelt haben, dann haben sie durch das Geld, das sie dem Volk entwendet haben, die Möglichkeit, sich auf andere Kontinenten abzusetzen und ihr Leben als unschuldige Bürger fortzuführen. Das Volk, soweit es überlebt hat, muss für sie dann den Kopf hinhalten und dafür bezahlen.

Es ist immer wieder dasselbe Spiel mit demselben Ausgang und es wiederholt sich immer wieder. In den Anfängen hat noch Mann gegen Mann gekämpft mit dem gleichen Risiko seine Gesundheit oder sein Leben zu verlieren. Dann standen sich Heere von Kriegern auf dem Schlachtfeld gegenüber, um ihre Kräfte zu messen.

Als dann die Waffen immer weiterentwickelt wurden und ihre Reichweite sich ausdehnte, entarteten die Kriege und wurden noch heimtückischer und der Wille zu siegen kennt keine Regeln mehr. Die Kriege sind außer Kontrolle geraten und haben das Böse in die Welt geholt.

Man kann nicht mehr von Kriegen sprechen, sondern es handelt sich um reine Massenvernichtung. Heute werden bereits unbemannte Flugobjekte gebaut und eingesetzt, die noch hinterhältiger sind. Sie werden von einer sicheren Stelle aus von einem Menschen am Computer gesteuert, der dann den Gegner, aber auch unbeteiligte Menschen vernichtet.

Der Einsatz von Massenvernichtungswaffen gegen Menschen ist menschenverachtend und beweist, wie einseitig die Menschheit sich bereits entwickelt hat. Es handelt sich hier um heimtückischen Mord.

Bei allen Kriegen und ihren Entartungen geht es nur darum, einer herrschenden Schicht und ihren Anhängern ihre Befindlichkeiten, vor allem ihre Gier nach Geld, Luxus und Macht zu befriedigen. Statt dem Volk als Vorbild zu dienen, wie man ein erfülltes Leben nach dem System der Gegensätze lebt, stecken sie das Volk mit ihren Süchten und Begierden an und stiften dadurch Unfrieden.

Es werden die gefährlichsten Waffen an die Herrscher unterentwickelter Völker verkauft, um noch reicher zu werden und in unermesslichem Luxus ungezügelt und verschwenderisch leben zu können.

Sämtliche Kriege und Massenmorde entstehen, wenn ein Volk oder mehrere Völker dauerhaft einseitig nur ihre Interessen verfolgen und keine Mitte bilden, die durch neutrale Gesetze die Völker harmonisieren und so die Gier nach Geld und Macht eindämmen. Die Völker auf dieser Welt müssen umdenken, wenn sie nach dem System der Gegensätze leben wollen.

Sie müssen sich von dem Gedanken befreien andere
Völker zu unterwerfen und besiegen zu müssen, denn alle
Menschen und Völker sind gleichwertig. Es ist nicht der
Sinn des Lebens, sich gegenseitig zu ermorden und die
Lebensräume anderer Völker zu erobern und ihre Lebens-
grundlagen zu vernichten.

Durch die Zeit und die Witterung unterliegt die Materie
einem natürlichen Verschleiß und so sollten menschliche
Wohnräume nur erneuert werden, wenn sie baufällig und
unbewohnbar geworden sind. Die Vernichtung und Zer-
störung durch Kriege entspricht nicht dem System der
Gegensätze und ist reine Verschwendung von Materie und
Energie. Die Menschen haben sich aus dem System der
Natur gebildet und sollen sich daraus weiterentwickeln.

Sie haben den Gegensatz fressen und gefressen werden
auf der Erde dauerhaft einseitig entartet und können sich
so weitgehend gegen Raubtiere wehren. Sie werden von
ihnen nicht mehr gefressen, aber dadurch haben sich neue
Einseitigkeiten aufgetan. So hat sich der Wille gefestigt,
sich auch gegen die eigene Art durchzusetzen und sie zu
besiegen.

Dieser einseitige Wille zu siegen steckt so tief in uns, dass
wir die Balance verloren haben und die nötige Neutralität, den gemeinsamen Nenner, aus der Mitte der Gegensätze nicht mehr erkennen und so diese Hürde nicht überwinden können. Je mehr man darüber nachdenkt und
in sich hinein hört, muss man sich wundern, dass die
Menschheit diese seit langer Zeit bestehende Einseitigkeit
duldet und bis heute nicht im Stande ist, diese rohe Gewalt durch die Neutralität der Gegensätze zu verhindern.

Das Universum ist für uns Menschen und unseren Ver-
stand ein kaum vorstellbarer unendlicher Raum. Dieser
Weltraum mit all seinen Planeten und Sternen sowie
Galaxien und der unvorstellbaren Energie, die man mit

dem bloßen Auge an der Bewegung und der erzeugten Strahlung erkennt, ist die Realität. Das kann man nicht wegleugnen, das ist die Wahrheit.

Unsere Umwelt mit allen Lebewesen in und auf unserem Planeten Erde, wozu auch wir Menschen zählen, ist real und entspricht ebenfalls der Wahrheit. Daraus kann man ableiten, dass alles, was sich aus der Entstehung aus den Gegensätzen gebildet hat, die Realität ist und die Wahrheit darstellt.

Die Schlussfolgerung ist, dass durch die Neutralität die Schöpfung der Realität und Wahrheit entspricht Das bedeutet, dass die Neutralität der Gegensätze die Seele bildet und somit der Schöpfung dient.

Der Tod ist die einzige wahre Gerechtigkeit. Jeder Geist und damit jedes Bewusstsein, in welchem Lebewesen auch immer, bestimmt so selbst durch seinen Lebenswandel, sozusagen durch seine Befindlichkeiten und seine Handlungen, ob es sich nach dem Tod seiner selbst noch bewusst ist und damit auch gleich über seine Zukunft nach dem Tod.

Es gibt Menschen, die sagen, Politik ist mein Leben. Wieder andere äußern sich, die Musik ist mein Leben. Für noch andere Menschen ist das Fußball spielen ihr Leben und das setzt sich auf vielen Gebieten fort.

Das sind nur einige Menschen von vielen, die ohne ein bestimmtes Ziel vor Augen nicht leben können. All diese Menschen laufen Gefahr, wenn sie ihr Ziel erreicht haben und die Erfolgreichsten auf ihrem Gebiet geworden sind, von den Menschen beklatscht und bejubelt wurden und ihnen höchste Anerkennung zuteil wurde, depressiv zu werden und dann überfällt sie die Einsamkeit und sie fühlen sich unausgeglichen.

Sie haben dann nichts mehr, mit was sie ihre durch viel Übung erreichten Leistungen vergleichen können. Sie sind als Sieger die einsame Spitze und erkennen plötzlich, dass sie einseitig geworden sind. Sie haben nach Anerkennung gelechzt und nicht bemerkt, dass das Leben an ihnen vorbeigegangen ist. So kommt es immer wieder vor, dass solche aktiven Menschen ihrem Leben ein Ende setzen, obwohl sie höchste Anerkennung erfahren haben und Geld im Überfluss vorhanden war.

Das Leben besteht aus vielen Varianten, vielmehr aus vielen Gegensätzen und wer sich nur auf einen Gegensatz konzentriert, diesen auch noch dauerhaft entartet, indem er der Größte und der Wichtigste sein will, vernachlässigt seine Seele und es breitet sich die Unzufriedenheit und Leere aus. Die Seele bildet sich nicht nur aus einem Gegensatz, sondern aus vielen Gegensätzen im Leben und nicht aus den Spitzen, den Entartungen und schon gar nicht bei den Siegern, sondern aus der Mitte. Sie öffnet die Seele und ist das wahre Ziel des Lebens.

Da seit vielen Generationen die Sieger die Menschheit geprägt haben, hat sich die menschliche Denkweise, wenn es sich um das Zusammenleben der Menschen und Völker handelt, nicht auf gleicher Augenhöhe mit ihren Herrschern entwickeln können.

Die Menschen in den Völkern müssen umdenken und verstehen, dass die andere Seite eines Gegensatzes nicht der Feind ist, den man ausbeuten und vernichten muss, sondern sie sollten begreifen, dass beide Seiten der Gegensätze gleichwertig und notwendig sind, um Intelligenz zu bilden und durch das Gewissen die Mitte zu erkennen und damit einzuhalten. Sich so nach dem Tod durch die Seele einen neuen Anfang zu sichern und sich dem Zufall und damit dem ewigen Leben Schritt für Schritt zu nähern.

Das Universum besteht aus unzähligen Galaxien, den Sternen sowie unserer Sonne und ihren Planeten. Aus unserer Erde und dem gesamten Leben, alles hat sich aus der bereits am Anfang beschriebenen Entstehung entwickelt und ist lebendig. Es bildeten sich Vulkane, die immer noch aktiv sind, weil sich das Erdinnere und die Erde bewegt, sich Spannung aufbaut und sich wieder entspannt. Die Entspannung ist dann der Ausbruch der Vulkane.

Nach einem ähnlichen Muster bewegt sich das Wetter. Durch die unterschiedlichen Temperaturen, die auch die Sonne beeinflusst, baut sich Spannung auf und entspannt sich wieder durch ein Gewitter.

Man kann das auch bei den Ozeanen auf der Erde beobachten, die vom Mond beeinflusst werden. Da herrschen die Gezeiten mit Ebbe und Flut. Bei Ebbe stehen die Ozeane unter Spannung und bei Flut, entspannen sie sich wieder.

Daraus kann man schließen, dass die Erde von einer intelligenten Mitte gesteuert wird und somit lebt.

Der Mensch will das nicht wahrhaben, weil Süchte, Gier und Größenwahn seinen Verstand vernebeln. Er beutet die Erde gewissenlos aus und entzieht ihr die letzten Energiereserven, die sie noch einmal für die Evolution in der Zukunft benötigen könnte. Die Natur reinigt ständig die abgenützte Materie und bereitet sie wieder neu auf, damit der Kreislauf der Evolution in Verbindung mit dem Zufall nicht abreißt.

Die menschlichen Kulturen und Zivilisationen haben die Möglichkeit, aus Sonne, Wind und Wasser sowie den nachwachsenden Rohstoffen ihren Bedarf an Energie für das tägliche Leben zu decken. Andere Lebensarten und nicht mehr nachwachsende Rohstoffe sollten nur so viel beansprucht und der Erde entnommen werden, wie es nötig ist, um die Vielfalt und das Gleichgewicht auf der Erde zu bewahren und so dem Auftrag der Dreifaltigkeit gerecht zu werden.

Naturvölker, die sich ihrem Lebensraum angepasst haben und mit ihrem Leben zufrieden sind, zu vertreiben oder auszurotten, um ihr Land zu erobern und auszubeuten, entspricht nicht der Verantwortung, die das intelligenteste Lebewesen, zu das der zivilisierte Mensch sich heute zählt, gegenüber seiner Umwelt und seinen Mitbewohnern auf dieser Erde übernommen und zu tragen hat. Die einseitige Vermehrung der Menschen und der Größenwahn der herrschenden Schichten könnten die Umwelt zerstören und die Menschheit ausrotten.

Ein verantwortungsvolles und erfülltes Leben eröffnet sich nur aus der Mitte der Gegensätze, denn sie sind das Werkzeug zur Bildung der Seele. Sie zeigen uns, dass durch Anstrengung und Arbeit, zu der jeder Mensch verpflichtet ist und einen Anspruch darauf hat, die notwendige Nahrung und Unterkunft für alle Menschen gesichert werden kann. Die Zeit für Hobbys und Geselligkeiten jeder Art, wenn alle mitarbeiten, vorhanden ist und Freude als auch Leid und Trauer dann die Menschen verbinden.

Dann ist kein Platz mehr für böse Entartungen der Gegensätze und der nächste Schritt zu einem neuen Bewusstsein für den Umgang miteinander ist getan. Ist man jung, gesund und voller Tatendrang, dann macht man sich wenig Gedanken über den Sinn des Lebens, dass der Tod ständig im Raum steht und ob es danach noch ein Bewusstsein ein Leben gibt.

Im Religionsunterricht hat man die Geschichten von Gott im Alten und Neuen Testament gehört. Aber diese Geschichten liegen zweitausend Jahre und länger zurück, was den Glauben daran erschwert, da doch die Wirklichkeit völlig anders aussieht.

Man merkt schnell, dass die Menschen von heute im täglichen Leben überhaupt keine Zeit mehr haben, sich mit den religiösen Werten zu beschäftigen. Der Druck, den die Gesellschaft ausübt, wird immer stärker und verfolgt stets das Ziel, mit Geld und immer wieder Geld, das goldene Kalb zu füttern.

Ist man dann als älterer Mensch an Erfahrung reicher geworden und hat die schönen und hässlichen Seiten des Lebens zu spüren bekommen und durchlebt, dann erkennt man das wahre Gesicht der Menschheit. Die unersättliche Gier nach Luxus, Geld und Macht. Die Einseitigkeit der Gegensätze in den Völkern.

Die weltliche Aufgabe der Menschen auf dieser Erde besteht eigentlich darin, ihre eigene Wildheit und Unbeherrschtheit als auch die Wildheit der Natur zu zähmen, um die Evolution der Erde zu unterstützen. Das heißt, sich dem System der Schöpfung der Natur anzupassen und dementsprechend zu verhalten. Sich selbst zu bändigen und die auftretenden Entartungen im Leben unter Kontrolle zu halten.

Die Gegensätze sind das Werkzeug, und das Gewissen zeigt der Seele die Verbindung zum Zufall. Als das intelligenteste Wesen auf diesem Planeten, trägt der Mensch die Verantwortung für diese Welt und sollte seine Aufgabe ernster nehmen. Das hat sich bisher als ein dorniger Weg erwiesen, ohne ersichtlichen Erfolg, denn die Menschheit kann sich von ihrer Einseitigkeit, die aus den vielfältigsten Verführungen durch Süchte entsteht, nicht lösen.

Diese Einseitigkeit wird bereits im Alten Testament als der erste Sündenfall beschrieben. Die Zehn Gebote waren dann die ersten bekannten Gesetze für die Menschen, um die Einseitigkeit durch die Neutralität in der Mitte auszugleichen. Die Zehn Gebote dienten dem Zusammenleben der Menschen und bildeten die Voraussetzung für die Anfänge der Zivilisation in der Frühgeschichte. Die Gesetze sollten die Unterschiede neutralisieren.

Schon vor dreitausend Jahren hat Moses, der Führer eines Volksstammes, erkannt, dass die vielen unterschiedlichen Verhaltungsweisen der Menschen in seinem Volk

Streit und Unfrieden erzeugt haben. Er hat begriffen, dass sein Volk eine gemeinsame Basis benötigt, um Betrug, Mord und Totschlag beim Kampf um das tägliche Brot zu verhindern und um das Volk zusammenzuhalten und zu stärken.

Moses hat für sein Volk, seinem Gewissen folgend, einen gemeinsamen Nenner bestimmt und so die Zehn Gebote in der Stille der Wüste erdacht und eingeführt. Die Zehn Gebote waren für die damalige Zeit ein großer Fortschritt und sie haben sein Volk befriedet. Um die Einhaltung der Zehn Gebote zu gewährleisten, hat er sie mit Gott verbunden, da die Menschen Halt brauchten, um der Willkür der Stärkeren im Volk etwas entgegensetzen zu können und um seine eigene Macht und seinen Einfluss zu stärken.

Das Christentum hat die ursprünglichen Zehn Gebote übernommen, aber sie dem Lauf der Zeit und den neuesten Verführungen des Lebens nicht angepasst. So ist es einen Versuch wert, die ursprünglichen Zehn Gebote der heutigen Zeit entsprechend zu verändern. Sie dienen als Orientierung für das Leben heute und in Zukunft und sollten die Basis für alle Gesetze sein. Das System der Gegensätze beeinflusst die Gedanken durch das Gewissen und gibt auch hier den Ausschlag für die Abänderung der ursprünglichen Zehn Gebote.

Erstes Gebot:

Beachtet die Gegensätze, dann findet ihr den Zufall. Der dreifaltige Zufall oder Gott wohnt im ersten Gegensatz und hat mit Antimaterie und Materie Energie erzeugt und so die Schöpfung erschaffen. Befolgt die Neutralität der Gegensätze, dann führt die Seele euch zum Zufall und ihr werdet ewig leben.

Zweites Gebot:

Hört auf euer Gewissen dann fördert ihr die Seele. Die Seele hält die Verbindung zum Zufall aufrecht. Wer seine Seele vernachlässigt, löst die Verbindung zum Zufall auf und das kann dann nach dem Tod das Bewusstsein auslöschen und damit ein erweitertes Bewusstsein nicht mehr ermöglichen.

Drittes Gebot:

Entspannt euch, dann verlängert ihr euer Leben. So wie ein Akku Zeit braucht, um mit Energie aufgeladen zu werden, benötigt auch der Mensch Ruhezeiten, um sich zu entspannen und sein Leben mit Nahrung, die uns Energie gibt, zu stärken, um so den Versuchungen und bösen Entartungen durch die Einseitigkeit im Leben standhalten zu können. Denn aus Spannung und Entspannung entsteht Leben.

Viertes Gebot:

Respektiert eure Eltern, denn ihr seid ihre Mitte. Die Eltern haben euch das Leben ermöglicht und euch gelehrt, wie man in einem Volk nach den gegebenen Gesetzen bestehen und sein Leben gestalten kann.

Fünftes Gebot:

Ihr sollt nicht ohne Not töten. Das Töten von Menschen ist nur aus Notwehr zulässig. Tötet jemand vorsätzlich einen Mensch, so verspielt er durch diese böse Entartung sein Leben. Er hat das Leben eines Menschen ausgelöscht und die Angehörigen und die Gesellschaft haben das Recht, das Vertrauen und die Sicherheit wiederherzustellen. Durch den Gegensatz fressen und gefressen werden, erneuert die Natur durch den Kreislauf der Evolution die Schöpfung und stärkt so zugleich das Leben.

Sechstes Gebot:

Die Zeugung von Leben bestimmen Mann und Frau. Dabei sollten die Lebensumstände beachtet werden. Mann und Frau sind gleichwertig und darum tragen beide die Verantwortung für ihren Nachwuchs, bis dieser selbstständig und erwachsen geworden ist. Danach spielt es eine untergeordnete Rolle, ob sie ihr Leben zusammen verbringen wollen oder nicht.

Siebentes Gebot:

Ihr sollt die Menschen nicht betrügen und ausbeuten. Sich durch Ausbeutung zu bereichern, löscht die Seele. Im Schweiße eures Angesichts sollt ihr euer Brot verdienen und es steht euch nur das zu, was ihr euch durch eigene Arbeit und Anstrengung erworben habt.

Achtes Gebot:

Verbreitet keine Lügen über eure Nächsten. Kehrt zuerst vor eurer eigenen Haustüre, bevor ihr mit dem Finger auf eure Nachbarn zeigt, sonst belastet ihr das Zusammenleben und die Lügen werden euch belasten und euch die Abgründe aufzeigen.

Neuntes Gebot:

Ihr sollt nicht begehren, was euch nicht zusteht. Was ihr durch eure Arbeitsleistung und Werbung nicht erreichen könnt, sollt ihr nicht begehren.

Zehntes Gebot:

Ihr sollt eure Gier und eure Befindlichkeiten zähmen. Seid mit dem zufrieden, was das Leben euch durch Übung und Ausdauer ermöglicht. Was ihr euch durch eure Arbeit und Leistung erworben habt, ist euer Hab und Gut. Darum seid mit dem zufrieden, was eure körperlichen und geistigen Fähigkeiten euch ermöglichen.

Diese Zehn Gebote entsprechen dem System der Gegensätze und sie sollten für die Gesetzgebung der Menschen als Orientierung dienen, um der Ausuferung einiger Menschen und ihren Gruppen oder ganzen Völkern auf der Welt die Grenzen aufzuzeigen.

Unser Leben besteht, wie bereits erwähnt, aus den theoretischen Gedanken und der praktischen Ausführung dieser Gedankengänge, wobei viele Theorien nicht verwirklicht werden können, da es die Realität nicht erlaubt oder ermöglicht und so bleibt vieles in unseren Gedanken nur eine Fantasie. So entscheiden wir in unserem Leben immer wieder neu, was wir für wichtig halten und was uns als unwichtig erscheint und handeln im Leben danach.

Aus dem Gegensatz wichtig und unwichtig ergibt die Zeit, wann unsere Handlungen im Leben wichtig sind oder unwichtig erscheinen und ob wir sie in die Realität umsetzen oder sie als Fantasie einordnen.

Man kann als Kind in der Fantasie heiraten, aber in der Realität im Leben ist das nicht möglich. Wenn die Zeit der Geschlechtsreife noch nicht erreicht ist und die Gesetze das nicht erlauben, ist eine Heirat für ein Kind in dieser Zeit unwichtig. Ist aber die Zeit gekommen, in der man als junger und erwachsener Mensch vor der Wahl steht, sich beruflich für eine militärische Laufbahn zu entscheiden, dann ist das sehr wichtig, da das eigene Leben von dieser Entscheidung abhängen kann.

Daraus wird wieder deutlich, dass das gesamte Leben aus Gegensätzen besteht und das System der Gegensätze sich aus drei Werten zusammensetzt. Das bestätigt die Dreifaltigkeit, die der Zufall aufzeigt.

Der Fluss des Lebens

Das Leben ist vergleichbar mit dem Wasser eines Flusses, das seinen Weg ins Meer sucht. Es entspringt aus einer Quelle und sucht seinen Weg durch die Mitte einer Landschaft aus Gegensätzen. Dabei muss das Wasser viele Hindernisse und Gefahren überwinden und ein Teil des Wassers wird das Ziel nur über viele Hindernisse erreichen.

Das Wasser wird von den unterschiedlichsten Lebewesen, wie den Menschen den Tieren und den Pflanzen, zum Leben benötigt und verunreinigt. Ein anderer Teil des Wassers versickert in den Untergrund und ein weiterer Teil verdunstet in der Luft, wodurch das Wasser wieder gereinigt wird. Es löst sich in einer gasförmigen Form auf und kommt als Nebel, Regen, Hagel oder Schnee wieder auf die Erde zurück und setzt seinen Weg zu den Flüssen fort.

Diese Teile des Wassers müssen diesen Kreislauf so lange wiederholen, bis sie die genaue Mitte die Neutralität im Fluss erkannt haben und darin treiben. Damit wird der Fluss gestärkt, denn er darf nicht abreißen und das Wasser muss den Strömungen und Strudeln, die der Fluss mit sich bringt, überwinden. Er darf sich auch durch einen Staudamm oder einen See nicht aufhalten lassen, um seinem Ziel näher zu kommen und um den Kreislauf der Natur zu erhalten.

Dabei hilft das Gefälle, das man mit dem Gewissen vergleichen kann, dem Wasser, die Seele zu bilden. Das heißt, das Gefälle bestimmt die neutrale Mitte des Weges, den der Strom fließen muss und dennoch hat das Wasser die Möglichkeit, sich rechts oder links vom Strom auszubreiten und zu treiben, aber nur soweit, dass die Verbindung zum Meer nicht abreißt. Das Meer soll das Ziel darstellen, in dem der Zufall wohnt, wo neue Gegensätze die Aufgaben enträtseln und so der Fluss des Lebens ständig in einem unendlichen Kreislauf weiterfließt.

Die Menschheit verhält sich wie das Wasser hinter einem Staudamm, das nicht die Kraft aufbringt, den Damm zu überwinden und damit gefangen ist. Damit setzt sich das Wasser der Gefahr aus zu verdunsten und in den Untergrund zu versickern, als auch anderen weniger nützlichen Zwecken zu dienen.

Die Menschen verharren wie ein im Schock erstarrtes Kaninchen vor der Schlange, das wartet, bis es angegriffen und letztendlich gefressen wird. Sämtliche Versuche, die Umwelt zu schützen und damit den Lebensraum zu bewahren, sind an der Gier der Menschen nach immer mehr Bequemlichkeit und Luxus, was die Technik möglich macht, gescheitert.

Der Kampf um die letzten Rohstoffe auf der Erde hat bereits begonnen und er wird sich ausbreiten, denn, wie es scheint, ist bis heute keine Lösung in Sicht. Davon sind alle Menschen auf dieser Welt betroffen und der Kampf um die Religionen muss aufhören. Die Gier nach immer mehr Reichtum für die Einen, was die Anderen in Armut stürzt, muss begrenzt werden, damit sich die Vernunft der Neutralität, die sich aus der Mitte der Gegensätze ergibt, durchsetzt. Der Staudamm muss durchbrochen werden, damit der Fluss des Lebens sich fortsetzen kann und die Seele der Menschen zu Gott aus Wahrheit und Licht findet.

Die Menschen stehen jetzt vor der Entscheidung, durch ihr Verhalten die Neutralität in ihrer Mitte anzustreben und eine reale Demokratie zu bilden. Das heißt, dass die Ansprüche der Menschen auf ihre Arbeit und Leistung reduziert werden müssen und nicht die Gier nach Luxus wie bisher den Vorrang hat.

Die Botschaft dieses Buches hat nicht das Ziel, die Menschen zu bevormunden, sondern sie soll die Menschheit zur Umkehr bewegen, damit sie nicht in den Abgrund stürzt, der bereits in Sicht ist.

Die Erde wird ausgebeutet und erwärmt sich rasant und die Pole schmelzen unerwartet schnell. Die Menschheit hat zu viel Energie freigesetzt und damit der Energie dieses Planeten zur Übermacht verholfen und so die Einseitigkeit begünstigt. Sie hat den Gegensatz Materie und Energie entartet und die Energie hat die Oberhand bekommen, sodass die Erde nicht mehr ausreichend gekühlt wird.

Vermehrte Vulkanausbrüche sowie Waldbrände und Erdbeben, Tornados und die außergewöhnlichen Veränderungen des Wetters sind die Vorboten und der Beweis für die Erwärmung der Erde. Das wird sich fortsetzen und darum ist diese Botschaft besonders an die Überlebenden auf der Welt gerichtet. Sie sollen einen intelligenteren, von Neutralität beseelten Weg für ihr Zusammenleben beschreiten. Das ergibt sich aus dem System der Gegensätze.

Sie sollen nicht dieselben Fehler begehen, die sich aus der Belohnung und der Unterwürfigkeit der Menschen den Siegern gegenüber in den Völkern auf dieser Welt ausgebreitet haben. Dann gibt das dem Fluss des Lebens Sinn und Kraft. Es stärkt den Selbsterhaltungstrieb und steigert das Selbstbewusstsein und treibt die Evolution an.

Wenn nur das Geld der Antrieb der Menschen auf dieser Erde ist und diejenigen, die sich am meisten davon angerafft haben, als Vorbilder gelten, dann gibt es keine Werte mehr, die durch das Gewissen die Seele bilden. Dann wird die Verbindung zu Gott oder dem Zufall unterbrochen und dadurch das Leben wertlos. Dann versickert der Kreislauf, der Fluss des Lebens Der Zufall ist der Anfang und die Zukunft ist das Ende des Lebens und ein Funke des Zufalls lässt die Energie immer wieder entflammen.

Forscher behaupten, dass die Menschen nur zehn Prozent ihres Gehirns benützen und neunzig Prozent ungenützt bleiben. Da stellt sich doch die Frage, warum sich dann überhaupt neunzig Prozent mehr Gehirn entwickelt hat.

Das Gehirn setzt sich aus zwei Hälften zusammen, die den Gegensätzen entsprechen. So gesehen, ist eine Hälfte für die rechte und die andere Hälfte für die linke Seite des Körpers zuständig und im Wechsel bilden beide Seiten eine neutrale geistige Mitte, die Entscheidungen trifft. Demnach muss sich auch noch ein Platz im Gehirn befinden, der die Mitte vertritt und die Bewegungen und Handlungsweisen beider Hälften in Einklang bringt.

Wenn die Forscher mit ihrer These richtig liegen, dann haben die Menschen in den Tausenden von Jahren ihrer Entwicklung nur zehn Prozent ihres Gehirns in Anspruch genommen. Das kann man sich nur sehr schwer vorstellen, dass in der heutigen Zeit und ihren Anforderungen an die Menschen und die erlernten Kenntnisse auf allen Gebieten das Gehirn so wenig gefordert und in Anspruch genommen wird.

Die verbleibenden scheinbar ungenützten neunzig Prozent des Gehirns könnten sich auch auf die vielen Spezialisierungen der menschlichen Aktivitäten verteilen, da sich viele Menschen überfordert fühlen. Das sind die von Mensch zu Mensch verschiedenen Begabungen, Berufe und Hobbys sowie die unterschiedlichen Weltanschauungen.

So nimmt jede Spezialisierung vielleicht ein Prozent einer bestimmten Stelle in unserem Gehirn ein und damit wird das Gehirn zusätzlich zu den zehn Prozent doch genutzt, nur wird das nicht wahrgenommen. Da der einzelne

Mensch nicht die gesamte Entwicklung der Menschheit beanspruchen kann, sondern die Spezialisierung auf allen Gebieten dafür verantwortlich ist, wird auch das gesamte Gehirn benötigt und genutzt, nur nicht andauernd.

Der Mensch hat nicht nur einen Körper, sondern auch eine Seele und darum ist auch im Gehirn ein Platz vorhanden, der für die Seele zuständig ist. Da man die Seele nicht messen kann, heißt das noch lange nicht, dass dieser Platz nicht aktiv ist.

Wie weit die Menschen die Botschaft, die in diesem Buch steckt, verstehen werden oder wollen, entscheidet die Entwicklung der Seele jedes einzelnen Menschen. Darum soll jeder Mensch, der dieses Buch gelesen hat, selbst sein Urteil bilden, ob diese Botschaft für ihn Sinn macht, denn jeder Mensch ist seines Glückes Schmied.

Konsequentes Handeln

Die Naturgesetze, die sich aus den Gegensätzen gebildet haben, bestimmen durch die Neutralität das Leben, und die Natur wendet sie konsequent an.

Ist ein Hase oder ein Reh zum Beispiel nicht aufmerksam und wachsam genug und lässt sich von anderen Begierden ablenken, dann können sie eine leichte Beute für Wölfe oder andere Raubtiere sein. Sind auf der anderen Seite die Raubtiere nicht schnell und ausdauernd genug oder es gelingt ihnen nicht, ihre Beute aufzuspüren, dann müssen sie verhungern.

Daraus wird deutlich, die Natur kennt keine Gnade und wendet ihre Gesetze neutral und konsequent an. Das zeigt uns, dass die Anstrengung für beide Seiten, für das Raubtier und für die Beute, die neutrale Mitte darstellt und beide Seiten sich gleichermaßen anstrengen müssen, um ihr Leben zu erhalten.

Die Neutralität ist die Hilfe, die wir beanspruchen sollten, um Hürden und Abgründe zu überwinden. Sie ist wie ein Baum, der vom Sturm entwurzelt wurde und zufällig eine Schlucht überbrückt. Dann können Tiere und Menschen die Seiten wechseln, wenn sie sich ausreichend anstrengen und die Balance halten.

Die Menschen haben das erkannt und nach diesem System ihre Technik entwickelt, die das Leben erleichtert, aber auch für einige bequemer macht. Sie haben die Technik konsequent entwickelt, aber dabei das menschliche Miteinander, die Begegnung der Menschen und Völker in Augenhöhe, verloren.

Das kann man bei den Gesetzen der Regierungen ablesen und feststellen. Alle wichtigen Gesetze, die das Zusammenleben der unterschiedlichen Schichten in den Völkern regeln, weisen Löcher auf und dadurch wird die Neutralität missachtet. Die Regierungen haben für sich und bestimmte Schichten im Volk eine Seilbahn über die Schlucht bauen lassen, um die Balance über den Baumstamm zur anderen Seite der Schlucht zu umgehen und damit haben sie die Gleichbehandlung aller Bürger im Volk untergraben.

Sie haben die Neutralität der Naturgesetze umgangen und Schlupflöcher für sich und ihre Verbündeten im Volk bei der Gesetzgebung offen gehalten und damit sich und ihren Sinnesgenossen Vorteile gegenüber allen anderen Menschen im Volk verschafft.

Dadurch haben sie die Balance, die das gesamte Volk einhalten sollte, missachtet und die Gleichbehandlung aller Bürger mit Füßen getreten.

Solange das Volk darüber hinweg sieht und das duldet, bleibt die Einseitigkeit bestehen und die Neutralität, die das Gewissen vorgibt, kann die Seele nicht bilden und die Verbindung zu Gott, dem Zufall, schwindet.

Ohne die Neutralität und die konsequente Einhaltung der Gesetze gibt es keine Ordnung und es herrscht das Chaos und die Willkür. Der Zufall hat die tote Materie in dem unendlichen Nichts, dem Weltall, zum Leben erweckt und das Leben wird nach dem Tod durch die Einhaltung der Neutralität und die Bildung der Seele durch den Zufall wieder zum Leben neu entzündet.

So gehören der Tod und das Leben zusammen und bilden den unendlichen Kreislauf der Schöpfung durch die Evolution der Materie. Wird die Seele durch anhaltendes und einseitiges Verhalten in einem Leben nicht gebildet, dann schwindet am Lebensende das Bewusstsein und es bildet sich ein neues Leben im Unterbewusstsein durch die Neutralität aus den Gegensätzen.

Gibt es den Tod nicht, dann gibt es auch kein Leben. Nur der Zufall, die Neutralität in der Mitte der Gegensätze kann durch die Bildung der Seele Leben und Tod wieder verbinden und ewiges Leben sichern.

Vertieft man diese Gedankengänge weiter, dann führt das wieder zum Anfang der Entstehung zurück. Demnach besteht auch unser Körper aus einem winzigen Teil der Materie, dem nicht wahrnehmbaren Staub in der unendlichen Weite des Universums.

Das erklärt auch unser egoistisches Streben und an sich ziehen nach immer mehr Besitz. Wir wollen immer mehr Materie, sozusagen Kapital, anhäufen und besitzen, obwohl wir für die Erhaltung unseres Lebens und unsere seelische Entwicklung nicht so viel Kapital benötigen und auch mit viel weniger auskommen könnten.

Der Zufall hat die Materie an sich gezogen aber auch wieder abgestoßen, was dem Gegensatz Spannung und Entspannung entspricht und damit Energie erzeugt, woraus das Leben entstanden ist. Demnach hat sich das Leben aus der Dreifaltigkeit Gottes, dem Zufall, gebildet und entwickelt.

Weil der nicht wahrnehmbare Urstaub im Universum dem Nichts vermeintlich durch Zufall sich zusammenballte, steckt auch in uns Menschen der Urdrang, sämtliche Materie zusammenzuraffen. Der Zufall hat das erkannt und durch die Gegensätze weiterentwickelt und die Energie, und damit das Leben erzeugt, woraus auch wir Menschen nach dem System der Dreifaltigkeit entstanden sind. Demnach sind wir das Ebenbild Gottes, des Zufalls, und wenn wir das bleiben wollen, dann müssen wir die Materie anziehen und an uns binden und Spannung erzeugen, aber sie auch wieder loslassen und abstoßen und so für Entspannung sorgen.

Das erzeugt Energie und ermöglicht das Leben. Dann sind alle Menschen durch die Seele nach dem Tod wieder

miteinander verbunden. Wir bestehen alle aus Materie,
dem Urstaub, zu dem wir nach unserem Ableben wieder
werden. Nur die Verbindung durch die Seele bleibt erhalten
und führt uns zusammen. Daraus kann man schließen,
dass alles, was wir unseren Mitmenschen antun und wie
wir mit ihnen umgehen, wir uns im weiteren Sinne selber
antun.

Da auch unsere Nahrung aus der gleichen Materie besteht wie wir selbst, nur in anderer Form und Zusammen-
setzung, essen wir uns gewissermaßen, weitschichtig gedacht, selbst auf. Solange unsere Nahrung keine Seele
bildet und sozusagen sich selbst noch nicht erkennt und
es ihr nicht bewusst ist, dass es lebt, kennt es im Unterbewusstsein die Gefahr, gefressen zu werden, aber nicht
die Zusammenhänge der Gegensätze im Leben. Wonach
ein Leben vom anderen Leben abhängig ist und sich das
Leben daraus immer neu entwickelt, wenn die Neutralität konsequent eingehalten wird.

Der Herdentrieb

Macht man sich über das menschliche Leben, den Sinn und den Wert aller Handlungen und die entstandene Intelligenz völlig neutral Gedanken und vergleicht das mit anderen Lebensarten, wie zum Beispiel den Tieren auf der Welt, dann kann man interessante Schlüsse und Erkenntnisse daraus ziehen.

Die Menschen haben die Natur genau beobachtet und sich ihren Gegebenheiten und ihrer Entwicklung angepasst, sie kopiert und sich zu Nutze gemacht. Sie haben die Kräfte der Natur erkannt und mit Hilfe der Technik auf ihre Bedürfnisse, aber auch auf ihre Befindlichkeiten zugeschnitten und eingesetzt. Die heutige Menschheit beherrscht durch die Technik die Welt einseitig ohne Rücksicht auf Verluste und einige spielen sich als Gott auf, der über Leben und Tod auf dieser Erde bestimmt.

Die Menschheit verbraucht zu viel Materie für die Erzeugung von Energie auf der Erde und hat dadurch den Gegensatz dauerhaft einseitig entartet. Sie hat sich zu sehr auf die weltlichen Begierden konzentriert und dabei die menschlichen Beziehungen und das Zusammenspielen der Menschen und Völker auf unserem Planeten aus den Gedanken verloren.

Vergleicht man die Völker der Menschen mit den Herden oder Schwärmen der Tiere, dann kann man Parallelen erkennen. Der Mensch darf sich nicht als ein einzelnes Wesen betrachten, sondern er muss sich als ein Ganzes, als ein Volk sehen und verstehen. Als einzelner Mensch ist er nicht lebensfähig und er wäre somit auch nicht im Stande gewesen, sich diese enorme Technik auszudenken und zu entwickeln.

Die Menschen als auch Tiere, beide unterliegen gleichermaßen einem gewissen Herdentrieb. Die Tiere folgen blindlings ihren Leittieren und bei den Menschen kann man das auch beobachten. Führt das Leittier die Herde zu satten Weiden, dann fressen die ranghöheren Tiere die schmackhaftesten Stellen als erste ab und die anderen haben das Nachsehen und müssen sich gedulden.

Hier ergibt auch die Mitte die neutralste Lösung. Die Tiere, die sich zu sehr vollfressen, können dann bei Gefahr nicht so schnell entfliehen und werden das Ziel von Raubtieren. Erschreckt sich das Leittier und verliert die Kontrolle über sich, dann rast es unbeherrscht davon und kann die ganze Herde in den Abgrund stürzen.

Dieser Herdentrieb beherrscht auch die Menschen. Die Führer und Diktatoren als auch Regierungen können einem Volk zum Vorteil dienen, aber auch ein Volk ins Verderben und in den Abgrund stürzen. Sie haben mit den Leittieren der Herden eines gemein, sie gieren ebenfalls nach immer mehr vom Besten.

Man kann das in allen Bereichen im Verhalten der Menschen beobachten. Betrachtet man die vielen prominenten Leittiere der Menschen, die sich auf allen Gebieten spezialisiert haben, dann erkennt man, wie der Herdentrieb uns Menschen ebenfalls fest im Griff hat.

Entwirft zum Beispiel ein bekannter Modeschöpfer aus seiner Fantasie ein Kleidungsstück und stellt es der Öffentlichkeit als neueste Mode vor, dann wollen alle modebewussten Menschen sich so kleiden und kaufen diese Mode sofort, auch wenn der Preis unverhältnismäßig hoch ist und manche Besessene sich dadurch in Schulden stürzen. Alle Modebewussten laufen dann in diesem Outfit überall umher und bemerken ihren Herdentrieb nicht. Ein gutes Beispiel ist die blaue Jeanshose, die überall getragen wird, obwohl sie abgenützt hässlich aussieht.

Dieser Herdentrieb ist auch bei den Leitfiguren in der Musikbranche zu beobachten. Werden ihre Songs auf Datenträgern angeboten, dann müssen viele Fans diese sofort besitzen, obwohl viele TV- und Radiosender sie täglich ausstrahlen. Dadurch werden die Prominenten zu Leitfiguren erhoben und sie nützen den Herdentrieb dazu, sich über ihre Anhänger und Fans zu bereichern.

Das fördert die Gier nach immer mehr Geld in den Händen einzelner Menschen auf der Welt. Geld bedeutet aber Leben, und wenn sich das Geld bei den Leitfiguren maßlos anhäuft, dann fehlt es auf der anderen Seite bei vielen Menschen auf der Welt und verbreitet Hunger und Tod. Das führt zur Gewaltbereitschaft und löst Kriege aus.

Diese Leitfiguren gibt es auch in den Führungseliten und den Regierungen der Völker. Sie beeinflussen das Verhalten der Bürger und bestimmen die Politik in einem Volk, aber auch weltweit und nützen den Herdentrieb, um an der Macht zu bleiben. Dieser Herdentrieb verleitet viele Menschen im Volk zu einer einseitigen Denkweise und sie erkennen die Neutralität, die sich aus der Mitte der Gegensätze eröffnet, nicht mehr und verlassen sich blindlings auf die Handlungen und Gesetze ihrer Führungseliten.

Sie sehen nicht mehr die Einseitigkeit ihrer eigenen Handlungen und treffen bei der Auswahl ihrer Regierung die falschen Entscheidungen. Damit räumen sie den Regierungen zu viel Macht ein.

So hat die Intelligenz, die für das Zusammenleben der Menschen und Völker nötig ist, keine Chance, sich voll zu entfalten und die Seele zu bilden. Aus den Gegensätzen bildet sich die Intelligenz aus der Vielfalt, und wenn die Vielfalt eingeschränkt wird, dann kann es für das Zusammenleben der Menschen und die Gleichbehandlung sowie für das Miteinander der Völker keinen Fortschritt geben.

Demnach unterscheidet sich der Mensch in seinem Verhalten gegenüber seinen Artgenossen nicht wesentlich von den Herden und Schwärmen der Tiere. Das beweist wieder einmal, dass der Mensch nicht die alles überstrahlende göttliche Schöpfung ist, die die weltlichen und die religiösen Führer ihren Untertanen immer wieder versuchen einzureden.

Schaffen es die Menschen nicht, ihre Einseitigkeit durch die Neutralität aus der Mitte der Gegensätze zu beheben, dann ist es mit ihrer Entwicklung und der Bildung der Seele schlecht bestellt. Da mag es sein, dass so manch andere Lebensform oder Tierart in ihrem Zusammenspiel uns Menschen bereits eingeholt oder sogar überholt hat.

Wir Menschen dürfen nicht dem Glauben verfallen, dass sich aus der Beherrschung der Technik alleine die Intelligenz bildet und entwickelt. Sondern wir sollten verstehen, dass sich die Intelligenz gleichermaßen aus dem Umgang und dem Miteinander der Menschen mit seiner eigenen Art und allen anderen Lebensarten bildet und die Seele öffnet.

So wie das Leben aus Körper und Seele besteht, entsteht aus Materie und Energie das Leben, wenn durch die Seele die Neutralität im Zufall es zündet. Das sagt, dass sich Intelligenz aus der Bearbeitung der Materie und aus dem Umgang mit seinen Artgenossen und anderen Lebensarten bildet, wenn das Gewissen und die Neutralität beachtet und eingehalten werden.

Normal trägt jeder Mensch die Verantwortung für sein Leben selbst und bestimmt seine Entwicklung. Drängt er sich in Führungspositionen und übernimmt sie, dann wird er zur Leitfigur und übernimmt die Verantwortung für seine Anhänger bis hin für ein ganzes Volk und die gesamte Menschheit. Je mehr Verantwortung ein Mensch sich aufbürdet, umso tiefer ist der Absturz der Seele am Lebensende, wenn er nicht auf sein Gewissen gehört und die Neutralität gegenüber seinen Mitmenschen missachtet hat.

Die konsequente Einhaltung der Demokratie unter Beachtung der Neutralität verteilt die Verantwortung für ein Volk auf die Vielfalt, sozusagen auf das gesamte Volk bis auf den einzelnen Bürger. Die meisten Leitfiguren haben darüber noch nicht nachgedacht oder können, durch ihre Befindlichkeiten und Gier nach Geld, das nicht erkennen.

So wollen oder können sie den Leitfaden, das Gewissen das ihnen den Weg weist, nicht wahrhaben oder erkennen und die Neutralität durch die Entwicklung der Demokratie nicht durchsetzen. Sie sind auch nicht bereit, die Verantwortung durch die konsequente Einhaltung und Entwicklung der Demokratie auf das gesamte Volk zu übertragen.

Man kann den Verführungen des Lebens umso schneller erliegen, desto mehr Macht man an sich reißt und je mehr man vom Leben erwartet. Darum ist Geduld und Zufriedenheit ein guter Rat. Jede Leitfigur und damit jeder Prominente trägt für seine Anhänger und Fans durch seine Vorbildfunktion Verantwortung.

Die ganze Wahrheit erfährt man dann nach dem Tod nicht mehr, da das Bewusstsein erlischt und sich ein neues Bewusstsein in einem anderen Leben und einer anderen Lebensform wieder entwickeln muss. Wer sich aus Gier nach Macht und Geld vordrängt und seiner Verantwortung nicht gerecht wird, hat den Sinn des Lebens nicht verstanden und verfehlt. Es gibt viele intelligente und weise Menschen auf dieser Welt, aber ihre Erfahrungen und Weisheiten finden bei den Herrschsüchtigen kein Gehör, da sie alles besser wissen und ihr Einfluss zu groß ist.

So denkt eine große Zahl von Menschen nur an sich selbst und ist bestrebt, sich aus der Masse hervorzuheben, um zu den Prominenten zu zählen. Man hört lieber auf die Menschen, die es nach eigenen Aussagen im Leben geschafft haben und ihre Macht und ihren Luxus in den Medien präsentieren. Sie haben sich auf Kosten der Allgemeinheit das Paradies auf Erden erschaffen und sehen nicht die Einseitigkeit im Volk, die ihnen das ermöglicht hat.

So bestätigt sich die Weisheit von einem klugen Mann, der schon vor langer Zeit gesagt hat: Es ist eine Sucht, die nicht auszurotten ist, die Verrückten führen die Blinden. Die Blinden sind die große Masse, das Volk, das nicht sieht, dass sie von den Verrückten ausgebeutet wird.

Auf der Welt gibt es viele geschulte Redner, die es verstehen, ihre Zuhörer zu beeinflussen. Sie versuchen, das Gute für die Menschen schlecht zu reden und das Schlechte für sie ins Gute umzudrehen. So können nur die Menschen die Wahrheit erkennen, die auf ihr Gewissen hören, das ihnen die Mitte zur Neutralität zeigt und die Seele bildet.

Gott

Eine der wichtigsten Fragen, die die Menschheit seit Generationen gleichermaßen beschäftigt, ist die Frage: Gibt es Gott?

Die Wahrheit führt zum Anfang der Entstehung zum ersten Gegensatz und dessen Mitte zurück. Das ist der Zufall, ein geistiger Wert aus konsequenter Neutralität. Der Zufall hat in der Unendlichkeit des Nichts die Materie wahrgenommen und sie als real und damit als Wahrheit erkannt. Der Zufall ist der geistige und theoretische Wert und die Materie der körperliche und praktische Wert und gemeinsam haben sie einen dritten Wert erzeugt, das ist das Licht, die Energie.

Daraus kann man schließen, dass sich Gott aus drei gleichen Werten zusammensetzt und eine Einheit bildet, die durch die Neutralität des Zufalls zusammengehalten wird und dadurch die Schöpfung entstanden ist und sie erst möglich wurde.

Dennoch bleibt der Zufall der geheimnisvollste Wert der Entstehung und darum kann man den Zufall auch als Gott, die Wahrheit und das Licht bezeichnen. Ob es Gott gibt oder nicht, erschließt die Mitte aus dem Gegensatz ja und nein und bildet die Wahrheit. Hat sich in einem Leben aus den Gegensätzen in der Mitte ausreichend Bewusstsein und Intelligenz und daraus die Seele entwickelt, dann erkennt die Seele Gott, die Dreifaltigkeit. Dann besteht kein Zweifel mehr und ja, es gibt Gott.

Hat sich im Leben in der Mitte der Gegensätze nicht ausreichend Bewusstsein und Intelligenz und daraus die Seele entwickeln können, dann wird es unmöglich die Neutralität, die den Zufall die Dreifaltigkeit ins Bewusstsein rückt, wahrzunehmen. Für dieses Bewusstsein steht fest: nein, es gibt Gott nicht. Daraus ist zu erkennen, dass die Seele der Schlüssel ist, der uns Menschen mit Gott, dem Zufall, verbindet.

So stellt sich die nächste Frage: Kann man Gott sehen? Ob man Gott sehen kann oder Gott nicht sieht, liegt an der Entwicklung der Seele jedes Menschen und wie viel Zeit er sich nimmt oder ihm in einem Volk für seine Freizeit zugestanden wird, um die Wunder der Natur zu sehen und zu bestaunen.

Betrachtet man bei klarer Nacht das Firmament, dann sieht man unzählige Sterne und den Mond. Am Morgen sieht man die aufgehende Sonne und am Abend kann man die untergehende Sonne bewundern. Die Schönheit der Natur, die Berge und Täler als auch die Flüsse und das Meer sowie die unterschiedlichsten Lebewesen, das alles besteht aus Materie in den verschiedensten Formen und Zusammensetzungen und verkörpert Gott.

Wer all diese Schönheiten und Wunder auf dieser Welt nicht sieht, weil er zu beschäftigt ist und keine Zeit hat, sich an der Natur zu erfreuen, der sieht Gott nicht, auch wenn er Gott täglich begegnet. Gott ist auch das Licht und die Energie der Sonne und die Energie der Vulkane sowie von Erdbeben als auch die Energie, die das Wasser und das Wetter verursacht. Wir können die Energie sehen und hören und wir Menschen bekommen sie auch zu spüren, wenn wir ständig gegen die Gesetze der Natur den Gegensätzen verstoßen und die Neutralität missachten.

Die Energie ist die Kraft und die Macht Gottes, die die Materie lebendig werden lässt. Gott, den Zufall, dagegen können wir nicht sehen Gott, der Zufall, ist ein geistiger Wert und wir können ihn nicht sehen noch hören oder spüren, aber er lebt in unseren Gefühlen und wir kennen ihn als Gewissen. Verhalten wir uns den Gegensätzen entsprechend und halten konsequent die Neutralität in unserem Leben ein, dann fühlen wir Gott und die Zufriedenheit lässt uns mit der Natur eins werden.

Die Religionen der Völker auf dieser Welt sollten den geistigen Wert des Lebens den Menschen näher bringen und durch das Gewissen das Zusammenleben der Menschen harmonisieren. Darum bedeutet Religionsfreiheit, die geistige Freiheit, die das Bewusstsein der Menschen erweitern soll, um den Verführungen im Leben stärker widerstehen zu können.

Das heißt auch, dass jeder Mensch die Freiheit hat, sich aus den verschiedenen religiösen Vorstellungen auf der Welt seine eigenen Werte herauszufiltern, um im Rahmen der aktuellen Gesetze danach zu leben.

Die Ausbreitung der Religionen durch prunkvolle weltliche Prachtbauten, die vor allem die sinnlose Verschwendung der Materie offen legen, machen keinen Sinn und sie sind eher hinderlich als nützlich für die Erweiterung des Bewusstseins und die Bildung der Seele durch die Neutralität.

Den Weg zum Zufall, dem dreifaltigen Gott, zeigt das Gewissen durch die konsequente Einhaltung der Neutralität und nicht die Entartungen der Materie durch die Einseitigkeit fanatischer Fantasien. Die Religionsfreiheit wird missbraucht, wenn sie das Ziel verfolgt, das eigene Volk oder andere Völker auszubeuten, sie erobern oder sich einverleiben zu wollen.

Die Mächtigen und Regierungen auf der Welt können oder wollen ihre zum Teil willkürlich erlassenen Gesetze dem Volk nicht genau definieren. So reden sie von Demokratie und jeder stellt sich nach seinen Befindlichkeiten etwas anderes darunter vor. Das zeugt davon, dass die Mächtigen keine genaue Vorstellung davon haben, was Demokratie genau bedeutet.

Sie haben den Leitfaden, den gemeinsamen Nenner, der die Menschen und Völker verbindet, verloren oder können ihn nicht finden, weil sie die Menschheit in die Einseitigkeit geführt haben und es wird schwierig oder unmöglich, die Mitte einzuhalten und die Neutralität konsequent durchzusetzen. Die Dreifaltigkeit hat das Universum zum Leben erweckt und die Mitte, die Neutralität, ist die Verbindung und der Schlüssel für die Evolution der gesamten Schöpfung.

Das sagt mir mein Gewissen und die Neutralität, die meine Gedanken beeinflusst hat, gibt mir die Bestätigung und ist zugleich meine gesammelte Erfahrung aus vielen arbeitsreichen Lebensjahren.

Auch das Alphabet bestätigt das System der Entstehung durch die Gegensätze. Es fängt mit A, dem Anfang, an und endet mit Z, dem Zufall, und das N, die Neutralität, bestimmt die Mitte von beiden Seiten im Alphabet.

Die Zahlenfolge stellt die Verbindung der Materie dar und die Buchstaben erklären die Möglichkeiten der Energie und die Neutralität in der Mitte leitet den Zufall. Das bedeutet, dass wenn die Neutralität von beiden Seiten eingehalten wird, dann bildet der Zufall einen neuen Anfang, der den Kreislauf der Natur antreibt.

Dieses Buch soll die Leser nicht beeinflussen, sondern zum Nachdenken anregen und helfen, den Herdentrieb, der in uns allen steckt, zu überwinden. Es soll die Mitte, die Neutralität gegenüber allen Menschen, ins Gedächtnis rufen, damit jeder Mensch eigene Entschlüsse treffen und sich von den Einflüssen und Befindlichkeiten anderer Menschen befreien kann, um den Verlockungen und Süchten, die das Leben parat hält, zu widerstehen.

Gott besteht aus Gegensätzen und er ist groß und klein und mächtig und ohnmächtig sowie gut und böse. Er ist die Mitte der Gegensätze, die Neutralität aus Wahrheit und Licht.

Jeder Mensch, der auf sein Gewissen achtet und die Neutralität in seinem Leben einhält und dadurch seine Seele bereichert, ist ein geistiger Wert von Gott, dem Zufall. Die Neutralität der Mitte.

Der Zufall verbindet den Anfang und das Ende des Lebens durch die Neutralität der Mitte und hält so den Kreislauf der Evolution am Leben.

Der Autor

Werner Petrosch wurde 1939 in Ostpreußen geboren. In seiner Laufbahn übte er die verschiedensten Berufe aus, so war er Hohlglasfeinschleifer, Zeitsoldat, Postfacharbeiter, Berufskraftfahrer, Werkschutzfachkraft und ist nun im Ruhestand. Er lebt in Augsburg, ist verheiratet und hat drei Kinder. „Die Neutralität der Mitte" ist sein erstes Buch. Dazu sagt er: „Der Zufall verbindet den Anfang und das Ende des Lebens durch die Neutralität der Mitte und hält so den Kreislauf des Lebens durch die Evolution aufrecht. Lebe und erkenne den Weg, der hier aufgezeigt wird. Bereite dich auf das Ende vor, damit du dich in einem neuen Anfang wiederfindest."

Der Verlag

*Wer aufhört
besser zu werden,
hat aufgehört
gut zu sein!*

Basierend auf diesem Motto ist es dem novum Verlag
ein Anliegen neue Manuskripte aufzuspüren, zu veröffentlichen und deren Autoren langfristig zu fördern.
Mittlerweile gilt der 1997 gegründete und mehrfach
prämierte Verlag als Spezialist für Neuautoren in
Deutschland, Österreich und der Schweiz.

**Für jedes neue Manuskript wird innerhalb
weniger Wochen eine kostenfreie, unverbind-
liche Lektorats-Prüfung erstellt.**

Weitere Informationen zum Verlag und
seinen Büchern finden Sie im Internet unter:

www.novumverlag.com